X

GRAMMAIRE FRANÇAISE
MÉTHODIQUE

A L'USAGE DES ÉCOLES PRIMAIRES ET DES CLASSES ÉLÉMENTAIRES DES COLLÉGES

Ouvrage réunissant

Au moyen d'une nouvelle disposition typographique

TOUS LES AVANTAGES D'UN TEXTE SUIVI ET D'UNE RÉDACTION PAR DEMANDES ET RÉPONSES

ET CONTENANT

De nombreux Exercices d'Analyse, d'Orthographe, de Syntaxe et de Ponctuation

PAR A. GRESSE
Professeur au Collége de Valence.

Prix : 1 Fr.

PARIS
L. HACHETTE ET Cie, RUE PIERRE-SARRAZIN, 14.
J. DELALAIN, RUE DES MATHURINS-SAINT-JACQUES, 5.
LANGLOIS ET LECLERCQ, RUE DE LA HARPE, 81.
E. DUCROCQ, RUE HAUTEFEUILLE, 10, AU 1er.

VALENCE
CHEZ L'AUTEUR ET CHEZ TOUS LES LIBRAIRES.

1852.

La forme de cet ouvrage étant ma propriété, je poursuivrai comme contrefacteurs tous ceux qui chercheraient à la reproduire ou à l'imiter.

Gresse

VALENCE, IMPRIMERIE DE JOLAND AÎNÉ. 1852.

A MM. les Instituteurs.

—

Il est de la plus grande importance de ne donner aux enfants que des leçons très-courtes à apprendre. *Il faut*, suivant le précepte de Lhomond, *faire entrer dans leur esprit les idées une à une, et, pour ainsi dire, goutte à goutte.* C'est dans cette intention que nous avons divisé notre ouvrage en paragraphes d'une petite étendue.

Chaque élève devra premièrement réciter sa leçon mot à mot. Cela fait, le maître lira les questions en s'adressant d'abord à un élève, puis à un autre, et ainsi de suite, jusqu'à ce qu'ils aient tous été interrogés plusieurs fois. Après cette espèce de résumé, on prendra l'exercice, et l'on se conformera exactement aux prescriptions qui s'y trouvent indiquées.

A la fin de la semaine, on reviendra sur les questions étudiées les jours précédents ; le maître exigera que les élèves y répondent sans hésiter.

Pour s'assurer de leurs progrès, et pour les obliger à repasser leurs leçons, on prendra, une fois chaque mois, un nombre de jetons numérotés, égal à celui des questions qu'on voudra leur adresser. Ces jetons seront tirés au sort par les élèves, qui devront répondre aux questions dont les numéros leur seront échus. Celui qui répondra le mieux, sera le premier, et pourra recevoir une récompense.

Cette méthode, que nous suivons nous-même depuis plusieurs années, produit d'excellents résultats : elle permet aux élèves de surmonter les difficultés l'une après l'autre, presque sans efforts; elle fortifie leur mémoire, développe leur jugement, et excite parmi eux une émulation qui les tient toujours en haleine, et qui accélère considérablement leurs progrès : nous la recommandons vivement aux instituteurs et aux pères de famille.

La rédaction par demandes et réponses est la plus convenable pour le jeune âge et la plus facile pour les parents et les instituteurs; mais elle fatigue les élèves plus avancés par une trop grande division de la matière. L'heureuse disposition typographique que nous avons adoptée, offre tous les avantages d'un texte suivi et d'une rédaction différente. Cette amélioration sera accueillie favorablement de toutes les personnes chargées d'instruire la jeunesse.

GRAMMAIRE FRANÇAISE
MÉTHODIQUE.

PREMIÈRE PARTIE.
LEXICOLOGIE.[1]

—

INTRODUCTION.

GRAMMAIRE. LETTRES. VOYELLES ET CONSONNES.

1. Qu'est-ce que la Grammaire?

La *Grammaire* est l'art de parler et d'écrire correctement.

2. Qu'est-ce que parler?

Parler, c'est exprimer ses pensées au moyen de la voix.

3. Qu'est-ce que écrire?

Écrire, c'est exprimer ses pensées au moyen de lettres ou caractères qui, seuls ou combinés, représentent les sons de la voix.

4. Combien y a-t-il de sortes de lettres?

Il y a deux sortes de lettres : les *voyelles* et les *consonnes*.

5. Qu'est-ce que les voyelles?

Les *voyelles* sont celles qui, seules, représentent les sons de la voix. Ce sont : *a, e, i, o, u* et *y*.

6. Qu'est-ce que les consonnes?

Les *consonnes* sont celles qui ne représentent les sons de la voix qu'avec le secours des voyelles. Ce sont : *b, c, d, f, g, h, j, k, l, m, n, p, q, r, s, t, v, x* et *z*.

7. Combien y a-t-il de sortes de voyelles?

Il y a deux sortes de voyelles : les *voyelles longues* et les *voyelles brèves*.

8. Qu'est-ce que les voyelles longues?

Les *voyelles longues* sont celles que l'on prononce lentement : *bâton, fête, gîte, apôtre, flûte*.

9. Qu'est-ce que les voyelles brèves?

Les *voyelles brèves* sont celles qui se prononcent rapidement : *patte, nette, petite, homme, lutte*.

---

(1) *Lexicologie* signifie *discours sur les mots*.

1er **Exercice.**

Distinguer les voyelles et les consonnes en rappelant les définitions.

EXEMPLE. *Amour.* La lettre *a* est une voyelle parce qu'elle représente un son; la lettre *m* est une consonne parce qu'elle ne représente un son qu'avec le secours d'une voyelle.

Amour, plume, livre, couteau, Léopold, courage, Paris, chandelle, enfant, homme, femme, lion, Antoine, entreprise, rapidité, infatigable, registre, maison, arbre, Napoléon, fauteuil, poire, habit, symbole, pantalon, bureau, cravate, commode, château, veste, lit, bretelle, chaise, encrier, canapé, chanson, fruit, raisin, multitude.

TROIS SORTES D'E. Y GREC. H MUET ET H ASPIRÉ.

10. Combien y a-t-il de sortes d'e?

Il y a trois sortes d'E : l'*e muet*, l'*e fermé* et l'*e ouvert.*

11. Qu'est-ce que l'e muet?

L'*e muet* est celui qui se prononce faiblement, comme dans *mond*E, *tabl*E, *lun*E.

12. Qu'est-ce que l'e fermé?

L'*e fermé* est celui qui se prononce la bouche presque fermée : *bont*É, *caf*É, *roch*Er.

13. Qu'est-ce que l'e ouvert?

L'*e ouvert* est celui qui se prononce la bouche très-ouverte: *succ*Ès, *fidèle*, *moll*Esse.

14. Que savez-vous sur l'y grec?

L'*y grec* s'emploie pour un *i* ou pour deux *i.*

15. Quand l'y grec s'emploie-t-il pour un *i*?

L'y grec s'emploie pour un *i* au commencement et à la fin des mots : *y*ole, *Ney*, et dans le corps des mots après une consonne: *Sylvain, Hippolyte.*

16. Quand s'emploie-t-il pour deux i ?

L'y grec s'emploie pour deux *i* dans le corps des mots après une voyelle : *moyen, royaume,* qu'on prononce comme s'il y avait *moi-ien, roi-iaume.*

17. Combien y a-t-il de sortes d'h ?

On distingue deux sortes d'h : l'*h muet* et l'*h aspiré.*

18. Qu'est-ce que l'h muet?

L'*h muet* est celui qui ne produit aucun effet dans la prononciation : *l'homme, l'honneur, l'histoire.*

19. Qu'est-ce que l'h aspire?

L'*h aspiré* est celui qui fait prononcer du gosier, *avec aspiration,* la voyelle qui suit, comme dans *les haricots les héros,* qu'on prononce *lè haricots, lè héros* et non *les zharicots, les zhéros.*

2ᵉ Exercice.

*Distinguer les trois sortes d'*E *et l'*Y GREC *employé pour un* I *ou pour deux* I *, toujours en rappelant les définitions.*

Progrès, royaume, thème, style, fermeté, rayon, arête, vérité, symétrie, rêve, modèle, syntaxe, succès, collége, symbole, péché, modèle, crayon, joyeux, caractère, moyen, pyramide, planète, sévérité, sayon, paysage, rocher, mollesse, dey, chanter, yacht, figure, sylphide, externe, trompette, synonyme, yeuse, paresse, incroyable, nouveauté.

ACCENTS. APOSTROPHE. CÉDILLE. TRÉMA.

20. Qu'est - ce que les accents ?	Les *accents* sont des signes qu'on emploie sur les voyelles pour en modifier la prononciation.
21. Combien y a-t-il d'accents ?	Il y a trois accents : l'*accent aigu*, (´) l'*accent grave* (`) et l'*accent circonflexe* (ˆ).
22. Où se place l'accent aigu ?	L'*accent aigu* se place sur la plupart des e fermés : santÉ, vÉritÉ.
23. Où se place l'accent grave ?	L'*accent grave* se place sur la plupart des e ouverts : *procès*, *succès*.
24. Où se place l'accent circonflexe ?	L'*accent circonflexe* se place sur la plupart des voyelles longues : *pâte, tête, goître, épître, trône, piqûre.*
25. Qu'est - ce que l'apostrophe ?	L'*apostrophe* (') est un signe, de la forme de l'accent aigu, qui s'emploie pour marquer la suppression des lettres *a, e, i* : *l'épée, l'homme, s'il vient.*
26. Qu'est - ce que la cédille ?	La *cédille* (ç) est un signe qu'on place sous le c, devant les voyelles *a, o, u,* quand on veut lui donner la prononciation du *s* : *façade, façon, reçu.*
27. Qu'est - ce que le tréma ?	Le *tréma* (¨) est un signe qu'on place sur une voyelle qui doit être prononcée séparément de celle qui précède : *Moïse, Saül, naïf.*

3ᵉ Exercice.

Distinguer les accents, l'apostrophe, la cédille et le tréma, en rappelant les définitions.

Bonté, modèle, rêve, l'amour, maçon, Caïn, appât, lâche, glaçon, thème, maïs, chêne, leçon, Moïse, croûte, Saül, pâté, rançon, flûte, côté, naïf, l'homme, presqu'île, façade, reçu, mûr, façon, Adélaïde,

François, l'oisiveté, limaçon, héroïne, l'hiver, aïeul, apôtre, s'il paraît, l'aptitude, procès, gerçure, façon.

SYLLABE. MOT. PARTIES DU DISCOURS.

28. Qu'appelle-t-on syllabe ?
On appelle *syllabe* une ou plusieurs lettres qui expriment un son : *a, to, car, bro, chan,* sont des syllabes.

29. Qu'est-ce qu'un mot ?
Un *mot* est une ou plusieurs syllabes qui forment un sens : *or, plume, vérité, infatigable,* sont des mots.

30. Qu'appelle-t-on monosyllabe?
Un *monosyllabe* est un mot qui n'a qu'une syllabe comme *champ, pied, coup.*

31. Qu'est-ce qu'un polysyllabe?
Un *polysyllabe* est un mot de plusieurs syllabes : *table, volonté, habitude,* sont des polysyllabes.

32. Combien y a-t-il d'espèces de mots ?
La langue française se compose de dix espèces de mots, qu'on appelle *les parties du discours.* Ces mots sont : le *substantif,* l'*article,* l'*adjectif,* le *pronom,* le *verbe,* le *participe,* l'*adverbe,* la *préposition,* la *conjonction,* et l'*interjection.*

33. Comment les divise-t-on ?
On les divise en *mots variables* et en *mots invariables.*

34. Qu'appelez-vous mots variables?
Les *mots variables* sont ceux qui changent de terminaison. Ce sont : le *substantif,* l'*article,* l'*adjectif,* le *pronom,* le *verbe* et le *participe.*

35. Qu'est-ce que les mots invariables ?
Les *mots invariables* sont ceux qui ne changent jamais. Ce sont : l'*adverbe,* la *préposition,* la *conjonction,* et l'*interjection.*

4ᵉ Exercice.

Compter les mots de chaque vers et les syllabes de chaque mot.

Heureux celui qui sait prier !
Heureux celui dont la jeune âme,
Brûlant d'une céleste flamme,
S'élève vers son Dieu pour le glorifier.

Quand l'astre du matin ramène la lumière
J'admire son éclat, je bénis son retour,
Et le front incliné, j'adresse ma prière
Au Créateur du jour.

CHAPITRE PREMIER.

DU SUBSTANTIF.

36. Qu'est-ce que le substantif?

Le *substantif* ou *nom* est un mot qui désigne un être ou un objet : *homme*, *lion*, *plume*, *livre*, sont des substantifs.

37. Combien y a-t-il de sortes de substantifs?

Il y a deux sortes de substantifs : le *substantif commun* et le *substantif propre*.

38. Qu'est-ce que le substantif commun?

Le *substantif commun* est celui qui sert à désigner tous les individus de la même espèce, comme *homme*, *ville*, *montagne*.

39. Qu'est-ce que le substantif propre?

Le *substantif propre* est celui qui sert à distinguer un individu de tous ceux de son espèce : *Alexandre*, *Paris*, *Alpes*, sont des substantifs propres.

40. Qu'appelle-t-on substantif composé?

On appelle *substantif composé* celui qui est formé de plusieurs mots unis par des traits d'union : *chef-lieu*, *arc-en-ciel*, *Seine-et-Marne*.

41. Qu'est-ce qu'un substantif collectif?

Un *substantif collectif* est celui qui offre à l'esprit l'idée d'une réunion, d'une collection d'êtres ou d'objets, comme *troupe*, *peuple*, *armée*.

42. Combien y a-t-il de collectifs?

On distingue deux sortes de collectifs : le *collectif général* et le *collectif partitif*.

43. Qu'est-ce que le collectif général?

Le *collectif général* exprime une collection totale, entière, complète : *la* MULTITUDE *des étoiles nous étonne*.

44. Qu'est-ce que le collectif partitif?

Le *collectif partitif* n'exprime qu'une collection partielle : *une* MULTITUDE *d'enfants assistaient à cette fête*.

5ᵉ Exercice.

Dire pourquoi les mots ci-après sont des substantifs ; distinguer ensuite les substantifs communs, propres, composés et collectifs, toujours en rappelant les définitions.

EXEMPLE. Le mot *homme* est un substantif parce qu'il désigne un être ; c'est un substantif commun parce qu'il sert à désigner tous les individus de la même espèce.

Homme, César, ville, Lyon, montagne, Pyrénées, poète, Virgile, essuie-mains, foule, avant-coureur, troupe, passe-partout, multitude,

1*

Saône-et-Loire, peuple, fleuve, Rhône, Démosthènes, orateur, guerrier, Napoléon, papier, contrée, France, infinité, porte-drapeau, cure-dents, bouteille, chapeau, Homère, bec-figues, Jules, quantité.

DU GENRE ET DU NOMBRE DANS LES SUBSTANTIFS.

45. Que considère-t-on dans les substantifs ?
On considère dans les substantifs le *genre* et le *nombre*.

46. Qu'est-ce que le genre ?
Le *genre* est la propriété qu'ont les substantifs de désigner un être mâle ou un être femelle : *lion*, *lionne*.

47. Combien y a-t-il de genres ?
Il y a deux genres : le *genre masculin* et le *genre féminin*.

48. Quand un substantif est-il du genre masculin ?
Un substantif est du *genre masculin* quand il désigne un être mâle, comme *homme*, *lion*, *cheval*.

49. Quand est-il du genre féminin ?
Il est du *genre féminin* lorsqu'il désigne un être femelle, comme *femme*, *lionne*, *jument*.

50. De quel genre sont les substantifs qui désignent des êtres inanimés ?
Les substantifs qui désignent des êtres inanimés ne devraient être d'aucun genre, puisque ces êtres ne sont ni mâles ni femelles ; mais, par imitation, on a fait les uns, tels que *château*, *soleil*, du genre masculin, et les autres, tels que *maison*, *lune*, du genre féminin.

51. Qu'est-ce que le nombre ?
Le *nombre* est la propriété qu'ont les substantifs de désigner un seul être ou plusieurs êtres.

52. Combien y en a-t-il ?
Il y a deux nombres : le *singulier* et le *pluriel*.

53. Quand un substantif est-il au singulier ?
On dit qu'un substantif est au *singulier* quand il désigne un seul être ou un seul objet : *mon cheval*, *ta voiture*.

54. Quand est-il au pluriel ?
On dit qu'il est au *pluriel* lorsqu'il désigne plusieurs êtres ou plusieurs objets : *mes chevaux*, *tes voitures*.

6ᵉ Exercice.

Dire pourquoi les substantifs ci-après désignés sont du masculin ou du féminin, au singulier ou au pluriel.

EXEMPLE. *Léon* est du masculin parce qu'il désigne un être mâle ; il est au singulier parce qu'il désigne un seul être.

Léon, le canif, un serre-tête, mes cheveux, un mouton, Charles, ma

grand'mère, le papier, Emile, cet arbre, la fraude, des tableaux, les
relieurs, vos vestes, Marie, tes livres, Joseph, un tire-bouchon, des
brebis, Louise, ta santé, votre porte, une poire, Auguste, ma tante,
Théophile, Paris, le bonheur, des écritoires, des fleuves, une rivière,
la jeunesse, une croix.

FORMATION DU PLURIEL DANS LES SUBSTANTIFS.

55. Comment forme-t-on le pluriel dans les substantifs ?

Règle générale. On forme le pluriel dans les substantifs en ajoutant un *s* : *un livre*, *des livres* ; *une plume, des plumes.*

56. Quel est le pluriel des substantifs qui finissent par *s*, *x* ou *z*?

Les substantifs qui finissent par *s*, *x* ou *z* s'écrivent au pluriel comme au singulier : *un fils, des fils* ; *une voix, des voix*; *un nez, des nez.*

57. Quel est le pluriel des substantifs en *au* et en *eu* ?

Les substantifs terminés par *au* ou par *eu* prennent un *x* : *un étau, des étau*x ; *un cheveu, des cheveu*x.

58. Comment s'écrivent au pluriel les substantifs en *ou*?

Les substantifs terminés par *ou* prennent un *s* : *un clou, des clous* ; *un sou, des sous* ; mais *bijou, caillou, chou, genou, hibou, joujou* et *pou* prennent un *x* : *un bijou, des bijou*x ; *un caillou, des cailloux* ; etc.

59. Comment forme-t-on le pluriel des substantifs en *al?*

On forme le pluriel des substantifs qui finissent par *al*, en changeant cette finale en *aux* : *un journal, des journ*AUX : *un géné-*RAL, *des génér*AUX. Cependant *bal, carnaval, régal*, et quelques autres peu usités, prennent un *s* : *un bal, des bals* ; *un carnaval, des carnavals* ; *un régal, des régals.*

60. Quel est le pluriel des substantifs en *ail?*

Les substantifs terminés par *ail* prennent un *s* : *un portail, des portails* ; *un éventail, des éventails* ; mais *bail, émail, corail, soupirail* et *travail* font *baux, émaux, coraux, soupiraux* et *travaux.*

7ᵉ Exercice.

Corriger les fautes en invoquant les règles.

EXEMPLE. Il faut un *s* à *livre* parce que le pluriel dans les substantifs se forme en ajoutant un *s*.

Mes livre, tes habit, nos plume, vos maison, ses château, tes crayon, les boulanger, ses cheveu, vos jardin, trois cheval, quatre jument, les

caporal, des bijou, des verrou, mes table, douze enfant, le puits, des
noix, le gaz, deux perdrix, quatre feu, les agneau, les fou, deux ciseau,
les arsenal, les fenêtre, nos neveu, des caillou, des clou, les raisin, des
cardinal, les fourneau, des régal, le fléau, des licou, les tableau, des
glace, les jeu, des métal, des poitrail, les corail, des cristal, les bureau,
nos bal, mes enfant, des carnaval.

MODÈLE D'ANALYSE DU SUBSTANTIF.

Homme	substantif commun, masculin, singulier.
Napoléon	substantif propre, masculin, singulier.
Maison	substantif commun, féminin, singulier.
Chevaux	substantif commun, masculin, pluriel.
Chef-d'œuvre	substantif commun et composé, masculin, sing.
Troupe	substantif commun et collectif, féminin, sing.

Analyser ainsi les substantifs des trois derniers exercices.

CHAPITRE II.

DE L'ARTICLE.

61. Qu'est-ce que l'article ?

L'*article* est un mot qui détermine, qui précise la signification du substantif : LE *père*, LA *mère*, LES *enfants*.

62. Combien y a-t-il d'articles ?

Il n'y a qu'un article qui est *le*, pour le masculin singulier ; *la*, pour le féminin singulier, et *les*, pour le pluriel des deux genres.

63. A quels changements est sujet l'article ?

L'article est sujet à deux changements : l'*élision* et la *contraction*.

64. Qu'est-ce que l'élision ?

L'*élision* est la suppression de la lettre *e*, dans *le*, et de la lettre *a*, dans *la*, quand le mot qui suit commence par une voyelle ou par un *h* muet : L'*ami*, L'*âme*, L'*honneur*, L'*habitude*.

65. Qu'est-ce que la contraction ?

La *contraction* est la réunion de l'article *le*, *les* avec un des mots *à*, *de*. C'est par contraction qu'on dit AU *tableau*, pour A LE *tableau* ; AUX *enfants*, pour A LES *enfants* ; DU *fruit*, pour DE LE *fruit* ; DES *fleurs*, pour DE LES *fleurs*.

8ᵉ Exercice.

Reconnaître les articles en rappelant les définitions.

EXEMPLE. *Le cheval.* Le mot *le* est un article parce qu'il détermine la signification du substantif *cheval.*

Le cheval, la poule, les enfants, la vieillesse, le bouchon, les Alpes, les humains, la Loire, les heures, le Tage, le marchand, la fruitière, les saisons, le chameau, la qualité, les principes, les dames, la jeunesse, les souliers, la Tamise, les Français, les épingles.

Faire l'élision et la contraction.

Le ami de le pauvre, les travaux de les champs, le habitant de le village, aller à le combat, venir de le bois, jouer à les barres, travailler à le jardin, le habit de le soldat, le bonheur de le pays, la ardeur de les combattants, le amour de les pères, la ingratitude de les enfants.

MODÈLE D'ANALYSE DE L'ARTICLE.

Le	article, masc. sing., détermine *rossignol.*
rossignol	substantif commun, masc. sing.
La	article, fem. sing. détermine *Garonne.*
Garonne	subst. propre, fem. sing.
Les	article, masc. plur, détermine *marronniers.*
marronniers	subst. commun, masc. pluriel.

Analyser ainsi la 1ʳᵉ partie du 8ᵉ exercice.

CHAPITRE III.

DE L'ADJECTIF.

66. Qu'est-ce que l'adjectif ? — L'*adjectif* est un mot qui qualifie le substantif : BEAU *papier*, GRAND *homme*, *enfant* SAGE, ou qui en détermine la signification : UN *tableau*, CE *livre*, MON *habit*, QUELQUES *pages.*

67. Combien y a-t-il de sortes d'adjectifs ? — Il y a deux sortes d'adjectifs : l'*adjectif* qualificatif et l'*adjectif déterminatif.*

DES ADJECTIFS QUALIFICATIFS.

68. Qu'est-ce que l'adjectif qualificatif ? — L'*adjectif qualificatif* est celui qui qualifie le substantif : *table* RONDE, *chapeau* BLANC.

69. L'adjectif a-t-il par lui-même un genre et un nombre ?

L'adjectif n'a par lui-même ni genre ni nombre ; mais il se met au masculin ou au féminin, au singulier ou au pluriel, selon le genre et le nombre du substantif qu'il qualifie. De là cette règle :

70. Quelle est la règle d'accord de l'adjectif ?

L'adjectif s'accorde en genre et en nombre avec le substantif auquel il se rapporte : un homme PRUDENT, une femme PRUDENTE ; des hommes PRUDENTS, des femmes PRUDENTES.

9ᵉ **Exercice.**

Reconnaître les adjectifs qualificatifs contenus dans l'exercice qui suit, et en indiquer le genre et le nombre, en rappelant les définitions.

EXEMPLE. *La table ronde. Ronde* est un adjectif qualificatif parce qu'il qualifie le substantif *table ;* il est au féminin singulier, parce que *table* est au féminin singulier.

La table ronde, le visage ovale, les enfants sages, la lionne cruelle, les grands garçons, la petite voiture, les voisins obligeants, les femmes laborieuses, les journaux quotidiens, le corps robuste, la lèvre supérieure, les larges épaules, les pantalons collants, la mauvaise saison, les belles maisons, les canaux profonds, les dents blanches, les grands écrivains, les bons auteurs, le citoyen paisible, le joli petit chien blanc.

FORMATION DU FÉMININ DANS LES ADJECTIFS.

71. Comment forme-t-on le féminin dans les adjectifs ?

Règle générale. On forme le féminin dans les adjectifs en ajoutant un *e* muet : *un homme sensé, une femme sensÉE.*

72. Quel est le féminin des adjectifs terminés par un *e* muet ?

Exceptions. 1° Les adjectifs qui finissent par un *e* muet ne changent pas au féminin : *un livre utile, une chose utile.*

73. Comment forme-t-on le féminin des adjectifs qui finissent par *el, eil, en, et, on ?*

2° Les adjectifs terminés par *el, eil, en, et, on,* doublent leur dernière consonne et prennent un *e* muet : *tEL, tELLE ; parEIL, parEILLE ; anciEN, anciENNE ; nET, nETTE ; bON, bONNE.* Cependant *complet, concret, discret, inquiet, replet, secret,* font *complète, concrète, discrète, inquiète, replète, secrète.*

74. Comment font au féminin *bas, las, gras, nul, gentil, sot, vieillot?*

3° *Bas, las, gras, nul, gentil, sot, vieillot* doublent aussi leur dernière consonne et prennent un *e* muet : *basSE, lasSE, grasSE, nulLE, gentilLE, sotTE, vieillotTE.*

75. Quel est le féminin des adjectifs en *f*?

76. Comment font au féminin ceux qui sont en *x*?

77. Quel est le féminin de *beau jumeau, nouveau, fou* et *mou ?*

78. Dans quel cas emploie-t-on *bel, nouvel, fol* et *mol,* au lieu de *beau, nouveau, fou* et *mou ?*

79. Quel est le féminin de *blanc, franc, frais, sec, public, caduc, turc, grec, long, bénin, malin, favori* et *coi ?*

80. Comment forme-t-on le féminin des adjectifs en *eur ?*

4° Les adjectifs en *f* changent cette finale en *ve* : *neuf*, *neu*VE ; *naïf*, *naïve*.

5° Ceux qui finissent en *x* changent *x* en *se* : *heureux, heureu*SE ; *jaloux, jalou*SE. Cependant *doux, faux, préfix, roux* et *vieux*, font *dou*CE, *fau*SSE, *préfi*XE, *rou*SSE et *vieil*LE.

6° *Beau, jumeau, nouveau, fou* et *mou* font *belle, jumelle, nouvelle, folle* et *molle*.

REMARQUE. On emploie *bel, nouvel, fol* et *mol* au lieu de *beau, nouveau, fou* et *mou* devant un mot qui commence par une voyelle ou un h muet : BEL *enfant*, NOUVEL *habit*, FOL *amour*, MOL *abandon*.

7° *Blanc* fait *blanche* ; *franc, franche; frais, fraîche ; sec, sèche; public, publique; caduc, caduque ; turc, turque ; grec, grecque; long, longue ; bénin, bénigne ; malin, maligne; favori, favorite; coi, coîte.*

8° Parmi les adjectifs en *eur*, les uns font leur féminin en suivant la règle générale : *majeur, majeur*E; *meilleur, meilleur*E; les autres en changeant *eur* en *euse* ; *trom*PEUR, *tr*o*m*PEUSE; *ment*EUR, *ment*EUSE; d'autres changent *eur* en *rice* : *créat*EUR, *créa*TRICE; *débit*EUR, *débit*RICE.

10ᵉ Exercice.

Corriger les fautes en invoquant les règles.

Une parole vrai, une femme prudent, une grand humiliation, une statue antique, la récompense suffisant, une feuille vert, la chèvre capricieux, une fenêtre ouvert, un vieux robe, la bon conduite, une amie discret, l'intelligence nul, la rose charmant, la trompeur entreprise, la flotte grec, la bataille naval, une lecture fastidieux, une petit fille naïf, une viande gras, la troupe victorieux, la méthode ancien, la table rond, une note faux, une tache roux, une main blanc, une soirée frais, la fièvre malin, une fleur caduc, une liqueur vermeil, la clameur public, une personne patient, la croyance superstitieux, une louve furieux, la pomme hâtif, une jeune personne maladif, la lionne cruel.

FORMATION DU PLURIEL DANS LES ADJECTIFS.

81. Comment forme-t-on le pluriel dans les adjectifs ?

Règle générale. On forme le pluriel dans les adjectifs en ajoutant un *s* : *un habit bleu, des habits bleus; une robe blanche, des robes blanches.*

82. Comment font au pluriel ceux qui finissent par *s* ou par *x* ?

Exceptions. 1° Les adjectifs qui finissent au singulier par *s* ou *x* ne changent pas : *un chapeau gris, des chapeaux gris; un homme heureux, des hommes heureux.*

83. Quel est le pluriel des adjectifs en *au* ?

2° Les adjectifs terminés par *au* prennent un *x* : *un nouveau livre, de nouveaux livres.*

84. Quel est le pluriel des adjectifs en *al* ?

3° Les adjectifs en *al* font leur pluriel les uns en *aux*, et c'est le plus grand nombre : égAL, égAUX; morAL, morAUX; les autres prennent un *s* : *fatal, fatals; final, finals.*

11ᵉ Exercice.

Corriger les fautes en invoquant les règles.

Les négociants habile, les hommes heureux, les beau enfants, les combats naval, les contes moral, les instants fatal, les peuples méridional, les discours ambigu, les gardes national, les habits noir, les auteurs original, les enfants sage, les élèves attentif, les écoliers docile, les faux témoins, les avis judicieux, les voix harmonieuse, les maîtres sévère, les nations puissante et unie, les nièces jalouse et capricieuse, les frégates turque et grecque, les paroles amicale et affectueuse, les nouvelles intéressante.

12ᵉ Exercice.

Corriger les fautes en invoquant les règles.

Des plante bas et rampant, les petit fille bavard et indiscret, les homme méchant et vindicatif, les hameau petit et riant, des personne impatient, des rose flétri, des fleur éclose, des robe blanc et frais, les journal quotidien et impartial, des personne vif et turbulent, des habitude pernicieux et invétéré, des caractère sournois et dissimulé, des femme orgueilleux et insupportable, des avis officieux et désintéressé, les nouveau cocarde tricolore, les voyelle long et bref, des entreprise téméraire et ruineux, des écolière studieux et attentif, des parole insinuant et séditieux.

MODÈLE D'ANALYSE DE L'ADJECTIF QUALIFICATIF.

La	art. fém. sing. détermine *table*.
table	subst. comm. fem. sing.
ronde.	adjectif qualif. fém. sing. qualifie *table*.
Les	article, masc. plur. determ. *écrivains*.
grands	adjectif qual. masc. pl. qualifie *écrivains*
écrivains.	subst. comm. masc. pluriel.

Analyser ainsi le 9ᵉ *exercice.*

DES ADJECTIFS DÉTERMINATIFS.

85. Qu'est - ce que les adjectifs déterminatifs ?

Les *adjectifs déterminatifs* sont ceux qui déterminent la signification du substantif: UN *enfant*, CES *hommes*, MES *amis*, PLUSIEURS *soldats.*

86. Combien y a - t - il de sortes d'adjectifs déterminatifs ?

Il y a quatre sortes d'adjectifs déterminatifs : les *adjectifs numéraux* , les *adjectifs démonstratifs*, les *adjectifs possessifs* et les *adjectifs indéfinis.*

ADJECTIFS NUMÉRAUX.

87. Qu'est - ce que les adjectifs numéraux ?

Les *adjectifs numéraux* sont ceux qui déterminent la signification du substantif sous le rapport du nombre ou de l'ordre : QUATRE *cahiers* , *le* TROISIÈME *livre.*

88. Combien y a - t - il de sortes d'adjectifs numéraux ?

Il y a deux sortes d'adjectifs numéraux : les adjectifs *numéraux cardinaux* et les adjectifs *numéraux ordinaux.*

89. Qu'est - ce que les adjectifs numéraux cardinaux ?

Les adjectifs *numéraux cardinaux* sont ceux qui marquent le nombre, comme *un, deux, trois, quatre,* etc.

90. Qu'est - ce que les adjectifs numéraux ordinaux ?

Les adjectifs *numéraux ordinaux* sont ceux qui marquent le rang , l'ordre. Ce sont : *premier, second , troisième,* etc.

ADJECTIFS DÉMONSTRATIFS.

91. Qu'est - ce que les adjectifs démonstratifs ?

Les *adjectifs démonstratifs* sont ceux qui déterminent la signification du substantif sous le rapport de l'indication , de la *démonstration.* Ces adjectifs sont : *ce, cette, ces.*

92. Dans quel cas emploie-t-on *cet,* au lieu de *ce?*

On emploie *cet,* au lieu de *ce,* devant un substantif commençant par une voyelle ou un *h* muet : CET *enfant* , CET *homme.*

2

ADJECTIFS POSSESSIFS.

93. Qu'est-ce que les adjectifs possessifs ?

Les *adjectifs possessifs* sont ceux qui déterminent la signification du substantif sous le rapport de la possession.

94. Quels sont ces adjectifs ?

Ces adjectifs sont :

Masc. sing.	*Fémin. sing.*	*Plur. des deux genres.*
Mon,	Ma,	Mes,
Ton,	Ta,	Tes,
Son,	Sa,	Ses,
Notre,	Notre,	Nos,
Votre,	Votre,	Vos,
Leur.	Leur.	Leurs.

95. Dans quel cas emploie-t-on *mon, ton, son,* au lieu de *ma, ta, sa ?*

Remarque. On emploie *mon, ton, son,* au lieu de *ma, ta, sa,* devant un substantif féminin commençant par une voyelle ou un *h* muet : MON *âme,* TON *humeur,* SON *épée.*

ADJECTIFS INDÉFINIS.

96. Qu'est-ce que les adjectifs indéfinis ?

Les *adjectifs indéfinis* sont ceux qui déterminent la signification du substantif d'une manière générale.

97. Quels sont ces adjectifs ?

Ces adjectifs sont : *Chaque, nul, aucun, certain, même, tout, quel, quelque, plusieurs, tel, maint, quelconque.*

13ᵉ Exercice.

Distinguer les diverses espèces d'adjectifs déterminatifs en rappelant les définitions.

EXEMPLE. *Ma plume. Ma* est un adjectif possessif, parce qu'il détermine la signification du substantif *plume* sous le rapport de la possession.

Ma plume, ton encrier, un soldat, son crayon, ses livres, cette page, plusieurs enfants, chaque élève, deux bretelles, nos devoirs, ces travaux, aucun ouvrier, nul écrivain, douze plats, notre père, quatre tableaux, certain auteur, ses ouvrages, vos leçons, cinq francs, quatorze dragées, douze poires, ce pupitre, cette maison, une lanterne, le tome second, votre chapeau, ces fenêtres, une tigresse, mes enfants, le troisième chapitre, notre collége, cet homme, quelques individus, trois chevaux, plusieurs voisins, six voitures, certaines gens, la page quatre-vingt, leurs ennemis, tes habits, ma casquette, la centième fois, maint écrivain, quel désespoir.

MODÈLE D'ANALYSE DE L'ADJECTIF DÉTERMINATIF.

Trois	adjectif num. card. masc. plur. dét. *habitants*,
habitants.	substantif commun, masc. plur.
Ce	adj. démonst. masc. sing. déterm. *tableau*.
tableau.	subst. commun, masc. sing.
Mes	adjectif possessif, féminin plur. dét. *chaises*.
chaises.	subst. commun, féminin pluriel.
Plusieurs	adjectif indéf. masc. plur. détermine *enfants*.
enfants.	subst. commun, masc. pluriel.

Analyser ainsi le 13° exercice.

14ᵉ Exercice.

RÉCAPITULATION DU SUBSTANTIF, DE L'ARTICLE ET DES ADJECTIFS.

Dire pourquoi les mots ci-après sont substantifs, articles ou adjectifs; analyser ensuite cet exercice, oralement et par écrit, conformément aux modèles qui ont été donnés.

Les enfants studieux, les élèves dociles, les hommes entreprenants, l'heureux caractère, l'amitié durable, vos mains sales, trois plumes nouvelles, ces courriers diligents, quelques habits neufs, les mêmes alarmes, la coupable entreprise, un puissant protecteur, la lanterne magique, cette personne malade, leurs couteaux pointus, tous les ouvriers laborieux, plusieurs mortels ennemis, le genre humain, un grand châle noir, ses belles fleurs blanches, le cinquième enfant, cette grande table neuve, un superbe panache tricolore, la page cent, quelques jolis petits bateaux plats, les passages pittoresques, l'an mil huit cent, quel tableau ravissant, maint auteur ignorant, mes quatre volumes nouveaux.

CHAPITRE IV.

DU PRONOM.

98. Qu'est-ce que le pronom? Le *pronom* est un mot qui tient la place du substantif ou nom. Quand je dis *Paul récite*, IL *sait sa leçon*, c'est comme si je disais *Paul récite, Paul sait sa leçon* : le mot *il*, qui tient la place du substantif *Paul*, est un pronom.

99. Combien y a-t-il de sortes de pronoms ?

Il y a cinq sortes de pronoms : les *pronoms personnels*, les *pronoms démonstratifs*, les *pronoms possessifs*, les *pronoms relatifs* et les *pronoms indéfinis*.

PRONOMS PERSONNELS.

100. Qu'est-ce que les pronoms personnels ?

Les *pronoms personnels* sont ceux qui tiennent la place du substantif en désignant la *personne* ou le *rôle* que les êtres ou les objets jouent dans le discours.

101. Combien y a-t-il de personnes ou de rôles dans le discours ?

Il y a trois personnes ou rôles : la *première* est celle qui parle, la *seconde* est celle à qui l'on parle, la *troisième* est celle de qui l'on parle.

102. Quels sont les pronoms de la 1ère personne ?

Les pronoms personnels de la première personne sont : *je, me, moi*, pour le singulier; *nous*, pour le pluriel.

103. Quels sont ceux de la 2e personne ?

Les pronoms personnels de la seconde personne sont : *tu, te, toi*, pour le singulier; *vous*, pour le pluriel.

104. Quels sont les pronoms personnels de la 3e personne ?

Les pronoms personnels de la troisième personne sont : *il, ils, elle, elles, lui, eux, leur, le, la, les, se, soi, en, y.*

105. Comment peut-on distinguer *le, la, les*, pronoms, de *le, la, les*, articles ?

Remarque. Il ne faut pas confondre *le, la, les*, pronoms personnels, avec *le, la, les*, articles. *Le, la, les*, pronoms personnels, ne sont jamais suivis d'un substantif : *je* LE *vois, tu* LA *connais, nous* LES *verrons; le, la, les*, articles, sont toujours suivis d'un substantif : LE *cheval*, LA *voiture*, LES *animaux.*

PRONOMS DÉMONSTRATIFS.

106. Qu'est-ce que les pronoms démonstratifs ?

Les *pronoms démonstratifs* sont ceux qui tiennent la place du substantif en y ajoutant une idée d'indication, de *démonstration.*

107. Quels sont ces pronoms ?

Ces pronoms sont : *ce, ceci, cela, celui-ci, celui-là*, pour le masculin singulier;

Celle, celle-ci, celle-là, pour le féminin singulier;

Ceux, ceux-ci, ceux-là, pour le masculin pluriel ;

Celles, celles-ci, celles-là, pour le féminin pluriel.

108. Comment peut-on distinguer *ce*, pronom démonstratif, de *ce*, adjectif démonstratif ?

Remarque. Il ne faut pas confondre *ce*, pronom démonstratif, avec *ce*, adjectif démonstratif. *Ce*, pronom démonstratif, n'est jamais suivi d'un substantif : CE *sont eux*, CE *que je veux*, CE *dont je parle*. *Ce*, adjectif démonstratif, est toujours suivi d'un substantif : CE *tableau*, CE *livre*.

PRONOMS POSSESSIFS.

109. Qu'est-ce que les pronoms possessifs ?

Les *pronoms possessifs* sont ceux qui tiennent la place du substantif en y ajoutant une idée de possession.

110. Quels sont ces pronoms ?

Ces pronoms sont :

Masc. sing.	Fémin. sing.
Le mien,	La mienne,
Le tien,	La tienne,
Le sien,	La sienne,
Le nôtre,	La nôtre,
Le vôtre,	La vôtre,
Le leur.	La leur.

Masc. plur.	Fémin. plur.
Les miens,	Les miennes,
Les tiens,	Les tiennes,
Les siens,	Les siennes,
Les nôtres,	Les nôtres,
Les vôtres,	Les vôtres,
Les leurs.	Les leurs.

111. Comment peut-on distinguer *le nôtre, le vôtre*, pronoms possessifs, de *votre* et *notre*, adjectifs possessifs ?

Remarque. Ne confondez pas *le nôtre, le vôtre*, pronoms possessifs, avec *votre* et *notre*, adjectifs possessifs. *Le nôtre* et *le vôtre*, pronoms possessifs, ne sont jamais suivis du substantif, puisqu'ils en tiennent la place : *Donnez-moi ces livres, prenez* LE NÔTRE *et* LE VÔTRE; tandis que *votre* et *notre*, adjectifs possessifs, sont toujours suivis du substantif : NOTRE *ami*, VOTRE *enfant*.

2*

112. Comment s'écrivent *le nôtre* et *le vôtre*, pronoms possessifs ?

Remarque. Le *nôtre* et *le vôtre*, pronoms possessifs, prennent toujours un accent circonflexe sur l'o.

PRONOMS RELATIFS.

113. Qu'est-ce que les pronoms relatifs ?

Les *pronoms relatifs* sont ceux qui tiennent la place d'un substantif ou d'un pronom avec lequel ils ont une relation très-intime : *les enfants* QUI *travaillent, ce* DONT *je parle, ce* QUE *tu veux.*

114. Qu'est-ce que l'antécédent du pronom relatif ?

Le substantif ou le pronom dont le pronom relatif tient la place s'appelle l'*antécédent* du pronom relatif.

115. Quels sont les pronoms relatifs ?

Les pronoms relatifs sont : *qui, que, quoi, dont, lequel, laquelle, lesquels, lesquelles.*

PRONOMS INDÉFINIS.

116. Qu'est-ce que les pronoms indéfinis ?

Les *pronoms indéfinis* sont ceux qui désignent d'une manière générale, *indéfinie*, les êtres ou les objets dont on parle.

117. Quels sont ces pronoms ?

Ces pronoms sont : *On, quiconque, chacun, nul, aucun, personne, autrui, l'un, l'autre, les uns, les autres, tout, quelqu'un, plusieurs.*

15ᵉ Exercice.

Distinguer les diverses espèces de pronoms en rappelant les définitions.

EXEMPLE. *Je* est un pronom personnel de la prem. personne, parce qu'il désigne l'être qui parle.

Je, toi, le mien, ce, celui-ci, qui, vous, lequel, nous, les nôtres, quiconque, nul, celui-là, le, ceux, la, lequel, aucun, les, en, les vôtres, y, le sien, celle-là, laquelle, la mienne, elle, il, nous, la vôtre, laquelle, chacune, vous, elle, le sien, la nôtre, elles, celui-ci, ceci, laquelle, cela, dont, eux, se, le leur, la mienne, ceux-là, la tienne, celles-là, les leurs, qui, plusieurs, la sienne, lui, l'un, le, l'autre, leur, la, la tienne, lui, les leurs, les autres, la nôtre, celle-ci, que, dont, le, se, chacun, quelqu'un, que, dont, on, le leur, chacune, ceux, autrui, tout.

MODÈLE D'ANALYSE DU PRONOM.

Je.	pronom personnel, 1ʳᵉ personne du sing.
Celui-ci.	pronom démonst., masc. sing.
Les miennes.	pronom possessif, féminin pluriel.
Qui.	pronom relatif, masc. sing.
Quelqu'un.	pronom indéfini, masc. sing.

Analyser ainsi le 15ᵉ exercice.

CHAPITRE V.

DU VERBE.

118. Qu'est-ce que le verbe?

Le *verbe* est un mot qui exprime l'état ou l'action : *être*, *marcher*, *dormir*, sont des verbes.

119. Combien y a-t-il de sortes de verbes?

Il y a deux sortes de verbes : le *verbe substantif* et le *verbe attributif*.

120. Qu'est-ce que le verbe substantif?

Le *verbe substantif* est le verbe *être*. Il est ainsi nommé, parce qu'il subsiste sans le secours d'aucun autre.

121. Qu'est-ce que le verbe attributif?

Le *verbe attributif* est celui qui renferme, outre le verbe *être*, une idée de qualité, d'*attribution*. Lire, travailler sont des verbes attributifs, car ils sont pour *être lisant*, *être travaillant*.

122. Combien y a-t-il de sortes de verbes attributifs?

Il y a deux sortes de verbes attributifs : les verbes *attributifs transitifs* et les verbes *attributifs intransitifs*.

123. Qu'est-ce que les verbes attributifs transitifs?

Les verbes *attributifs transitifs* expriment une action qui passe, d'un être qui la fait, sur un autre être, qui la reçoit. Quand je dis *Le soleil* ÉCLAIRE *le monde*, le verbe *éclaire* est attributif transitif, parce qu'il exprime une action qui passe du *soleil*, qui la produit, sur le *monde*, qui la reçoit.

124. Qu'est-ce que les verbes attributifs intransitifs?

Les verbes *attributifs intransitifs* expriment une action qui ne sort pas de l'être qui la fait. Ainsi, quand je dis *Paul* TRAVAILLE, *Jules* COURT, les verbes *travaille* et *court* sont attributifs, intransitifs parce qu'ils expriment une action qui ne sort pas de l'être qui la fait.

125. Qu'appelle-t-on verbes pronominaux?

On appelle verbes *pronominaux* des verbes attributifs qui s'emploient avec deux pronoms de la même personne, comme *je me repens*, *tu te souviens*, *il se résigne*.

126. Qu'entend-on par verbes impersonnels?

On entend par verbes *impersonnels* ou *unipersonnels* des verbes attributifs qui ne s'emploient qu'avec le mot vague *il* : *il pleut*, *il importe*, *il fallait*.

16ᵉ Exercice.

Reconnaître les verbes, et en distinguer les différentes espèces, en rappelant les définitions.

EXEMPLE. *Le soleil brille.* Le mot *brille* est un verbe, parce qu'il exprime une action ; c'est un verbe attributif intransitif, parce qu'il exprime une action qui ne sort pas de l'être qui la fait.

Le soleil brille. Nous chantons un couplet. Victor sera gentil. Léopold écrira une lettre. La nature est belle. Cet agneau bondit sur l'herbe. Ton chapeau est poudreux. Nous étions attentifs. Vous êtes malades. Ils travailleront. Tout est passé. Cette lecture intéresse. Leurs élèves sont étourdis. Les arbres fleurissent. Jules fait ses devoirs. Tu joues aux cartes. Il pleut. Nous nous félicitons. Je franchis la frontière. Tu t'es abstenu. Il importait. Paul a été sage. Cet élève chérit son maître. Vous vous flattez. Il tonne. Nous bêcherons le jardin. Tu sarcleras le blé. Il fallait qu'il travaillât. Tu te perds. Soyez attentifs. Dormez en paix. Apprenez vos leçons. Il se trompera. Il fallait que je terminasse ma tâche. Les oiseaux volent. Ils mangent le grain. Travaillez, prenez de la peine : c'est le fonds qui manque le moins. Il faut, autant qu'on peut, obliger tout le monde : on a souvent besoin d'un plus petit que soi.

DU SUJET DU VERBE.

127. Qu'est-ce que le sujet du verbe ?

Le *sujet* du verbe est le mot qui désigne la personne ou la chose qui est dans l'état ou qui fait l'action marquée par le verbe. Quand je dis PAUL *est sage*, NOUS *écrivons*, les mots *Paul* et *nous* sont les sujets des verbes *est* et *écrivons*.

128. Comment trouve-t-on le sujet du verbe ?

On trouve le sujet du verbe en faisant la question *qui est-ce qui ?* pour les personnes, et *qu'est-ce qui ?* pour les choses : *Julien parlait* ; qui est-ce qui parlait ? *Julien* : donc *Julien* est le sujet du verbe *parlait. Le soleil brille* ; qu'est-ce qui brille ? *Le soleil :* donc *soleil* est le sujet de *brille.*

DU COMPLÉMENT.

129. Qu'est-ce que le complément ?

Le *complément* d'un verbe est le mot qui achève, qui complète l'idée exprimée par ce verbe. Quand je dis *aimer* DIEU, *obéir à ses* PARENTS, les mots *Dieu* et *parents* sont les compléments des verbes *aimer* et *obéir.*

130. Combien y a-t-il de sortes de compléments ?

Il y a deux sortes de compléments : le *complément direct* et le *complément indirect*.

131. Qu'est-ce que le complément direct ?

Le *complément direct* est le mot qui désigne l'être ou l'objet sur lequel tombe l'action marquée par le verbe, et qui complète l'idée exprimée par ce verbe, sans le secours d'un autre mot : *j'aime mon* PÈRE, *je cultive les* ARTS.

132. Comment le trouve-t-on ?

On trouve le complément direct en faisant la question *qui ?* pour les personnes, et *quoi ?* pour les choses : *J'aperçois mon* COUSIN ; j'aperçois qui ? *mon cousin ; cousin* est le complément direct de *aperçois. Je repasse ma* LEÇON ; je repasse quoi ? *ma leçon ; leçon* est le complément direct de *repasse.*

133. Qu'est-ce que le complément indirect ?

Le *complément indirect* est celui qui complète l'idée exprimée par le verbe avec le secours d'un autre mot, appelé *préposition :* je parle à LÉOPOLD, *on s'ennuie de* TOUT, *il plaît par sa* MODESTIE, *nous voyageons en* ITALIE, *tu travailles par* BOUTADES.

134. Comment le trouve-t-on ?

On trouve le complément indirect en faisant la question *à qui ? de qui ? par qui ?* etc., pour les personnes, et *à quoi ? de quoi ? par quoi ?* etc., pour les choses ; ou bien une des questions *quand ? où ? comment ?* etc. *J'obéis à mes* PARENTS ; j'obéis à qui ? *à mes parents :* donc *parents* est le complément indirect de *obéis. Je vais à* PARIS ; je vais où ? *à Paris :* donc *Paris* est le complément indirect de *vais.*

17ᵉ Exercice.

Distinguer le sujet et le complément du verbe, en rappelant les définitions.

Nous contemplerons la nature. Dieu a créé le monde. Paul se réjouit. Nous vous écoutons. La terre tourne sur son axe. Nous implorons le Seigneur. Ces élèves jouent aux quilles. J'écrivis une lettre sur mes genoux. Il part pour l'Amérique. Napoléon mourut à Sainte-Hélène. Alexandre vainquit Darius à Arbelles. Les arbres se couvrent de verdure. Dieu a dit à l'homme : aide-toi, je t'aiderai. Nous nous prosternâmes à ses pieds. Les oiseaux font leurs nids au printemps.

NOMBRES, PERSONNES, MODES ET TEMPS.

135. Combien y a-t-il de choses à considérer dans le verbe ? | Il y a quatre choses à considérer dans le verbe : le *nombre*, la *personne*, le *mode* et le *temps*.

DU NOMBRE.

136. Qu'est-ce que le nombre dans les verbes ? | Le *nombre* est la forme que prend le verbe selon que son sujet est au singulier ou au pluriel : *je travaille*, *nous travaillons*.

DE LA PERSONNE.

137. Qu'est-ce que la personne ? | La *personne* est la forme que prend le verbe selon que son sujet représente la première, la seconde ou la troisième personne : *je chanterai*, *tu chanteras*, *il chantera*.

18ᵉ Exercice.

Faire connaître le nombre et la personne de chaque verbe.

EXEMPLE. *Vous aimez.* Le verbe *aimez* est au pluriel, parce que son sujet *vous* est au pluriel ; il est à la seconde personne, parce que son sujet est à la seconde personne.

Vous aimez. Ils travaillent. Nous méditons. Le soleil luit. Je viendrai demain. Tu courras. La musique plaît. Il réussit. Nous étudions. Vous écoutez. Ils persévèrent. Change. Regardons. Je dormirai. Apprenons. On appellerait. Il reçoit. Nous serons prudents. Nos amis sont là. Je suis malade. Vous étiez charmants. Vos enfants s'amusent. Ils avaient bien fait leurs devoirs.

DU MODE.

138. Qu'est-ce que le mode ? | Le *mode* est la manière dont le verbe exprime l'état ou l'action.

139. Combien y en a-t-il ? | Il y a cinq modes : l'*indicatif*, le *conditionnel*, l'*impératif*, le *subjonctif* et l'*infinitif*.

140. Comment l'indicatif exprime-t-il l'état ou l'action ? | L'*indicatif* exprime l'état ou l'action comme certaine, positive : *il travaille*, *vous avez écrit*, *ils partiront*.

141. Qu'exprime le conditionnel ?

Le *conditionnel* exprime que l'état ou l'action aurait lieu moyennant une condition : *vous* TRAVAILLERIEZ *si vous étiez raisonnable.*

142. Qu'exprime l'impératif ?

L'*impératif* exprime un commandement, une exhortation, une prière : *appliquons-nous, pardonne-moi.*

143. Comment le subjonctif exprime-t-il l'état ou l'action ?

Le *subjonctif* exprime l'état ou l'action comme subordonnée à une autre : *je désire que tu* REVIENNES.

144. Comment l'exprime l'infinitif ?

L'*infinitif* exprime l'état ou l'action d'une manière générale : *être, languir, apprendre.*

145. Quels sont les modes personnels, et pourquoi l'infinitif est-il appelé mode impersonnel ?

L'indicatif, le conditionnel, l'impératif et le subjonctif sont appelés *modes personnels*, parce qu'ils changent de terminaison selon les personnes ; l'infinitif est appelé *mode impersonnel*, par la raison opposée.

19ᵉ Exercice.

Dire à quels modes sont employés les verbes contenus dans l'exercice suivant, toujours en rappelant les définitions.

Jean travaille. Paul combattrait. Étudions. Il faut que tu partes. Dormir. Vous consentiriez. Ils comprendront. Louis a voyagé. Il importe que vous vous appliquiez. Il fallait qu'il écrivît. Éclaircir. Je raisonne. Tu concevais. Vendre. Recommence. Tu comparaîtrais. Je désire que tu réussisses. Il veut que vous vous réconciliiez. Apercevoir. Vous entendez. Nous céderions. Il paraît que vous avez fini. Ils apprendront. Vous seriez récompensé. Applique-toi. Il faut qu'ils écoutent. Se promener. S'endormir. J'ai écrit. Tu aurais fini. Sois attentif. On te parle.

DU TEMPS.

146. Qu'est-ce que le temps ?

Le *temps* est la forme que prend le verbe pour indiquer que l'état ou l'action a lieu, a eu lieu ou aura lieu.

147. Combien y a-t-il de temps principaux ?

Il y a trois temps principaux : le *présent*, le *passé* et le *futur*.

148. Qu'exprime le présent ?

Le *présent* exprime que l'état ou l'action a lieu au moment de la parole : *j'écris.*

149. Que marque le passé ?

Le *passé* marque qu'elle a eu lieu : *j'ai dormi, j'ai couru.*

150. Qu'indique le futur ?

Le *futur* indique qu'elle doit avoir lieu : *tu te promèneras*.

151. Combien y a-t-il de temps présents ?

Il n'y a qu'un seul temps présent, parce que le moment de la parole est un point indivisible.

152. Combien y a-t-il de temps passés ?

Il y a cinq passés, savoir : *l'imparfait*, le *passé défini*, le *passé indéfini*, le *passé antérieur* et le *plus-que-parfait*.

153. Qu'exprime l'imparfait ?

L'*imparfait* exprime l'état ou l'action comme présente par rapport à une époque passée : *deux mulets* CHEMINAIENT.

154. Que marque le passé défini ?

Le *passé défini* marque qu'elle a eu lieu dans un temps passé complètement écoulé : *je vous* ÉCRIVIS *la semaine passée*.

155. Qu'exprime le passé indéfini ?

Le *passé indéfini* présente l'état ou l'action comme ayant eu lieu dans un temps passé, soit complètement écoulé : *Louis* A JOUÉ *hier*, soit non complètement écoulé : *il* A ÉTÉ *puni ce matin*.

156. Qu'indique le passé antérieur ?

Le *passé antérieur* indique qu'elle a eu lieu avant une autre : *quand j'*EUS FINI, *je sortis*.

157. Qu'exprime le plus-que-parfait ?

Le *plus-que-parfait* exprime que l'action est passée, non seulement par rapport au moment de la parole ; mais encore à l'égard d'une autre action également passée : J'AVAIS DINÉ *quand il entra*.

158. Combien y a-t-il de futurs ?

Il y a deux futurs : le *futur simple* et le *futur antérieur*.

159 Qu'exprime le futur simple ?

Le *futur simple* exprime simplement que l'état ou l'action doit avoir lieu : *je me promènerai*, *tu t'amuseras*.

160. Que marque le futur antérieur ?

Le *futur antérieur* marque que l'état ou l'action doit avoir lieu avant une autre : J'AURAI FINI *quand il viendra*.

26ᵉ Exercice.

Indiquer le temps des verbes contenus dans l'exercice ci-après, en rappelant les définitions.

Nous continuerons. Je m'habituerai. Il veut. Vous auriez douté. Embellissez. Il faut que tu obéisses. Il voulait qu'il parlât. J'ai aperçu quelqu'un. Tu aurais répondu. Nous défendrions. Ils avaient perdu.

Regarde. Succomber. Je chantais. Il jura. Tu as défendu. Cela est utile. Le pain nous est indispensable. Tout sera possible. Il faudrait que tu eusses terminé avant six heures. Je travaille. Tu parlais. Il perdit son argent. Il vient. Ecoute-moi. Nous lui parlerons.

CONJUGAISON DES VERBES.

161. Qu'est-ce que conjuguer un verbe ?

Conjuguer un verbe, c'est le réciter ou l'écrire dans tous ses modes, ses temps, ses nombres et ses personnes.

162. Combien y a-t-il de conjugaisons ou classes de verbes ?

Sous le rapport de la terminaison, on divise les verbes en quatre classes appelées *conjugaisons* : la *première* comprend les verbes terminés au présent de l'infinitif par *er*, comme *aim*ER; la *deuxième*, ceux en *ir*, comme *fin*IR ; la *troisième*, ceux en *oir*, comme *recev*OIR ; le *quatrième*, ceux en *re*, comme *rend*RE.

163. Qu'appelle-t-on verbes auxiliaires et combien y en a-t-il ?

On appelle verbes *auxiliaires* ceux qui aident à conjuguer les autres.

Il y a deux verbes auxiliaires : le verbe *avoir* et le verbe *être* (1).

164. Qu'est-ce que les temps simples et les temps composés ?

Les temps *simples* sont ceux qui ne renferment pas d'auxiliaire : *je chante, tu rendis*; les temps *composés* sont ceux qui renferment l'auxiliaire *avoir* ou l'auxiliaire *être* : *j'*AI *couru, tu* ÉTAIS *sorti*.

165. Quels sont les verbes qui prennent l'auxiliaire *avoir* ?

Les verbes qui prennent l'auxiliaire *avoir* sont : les verbes transitifs : *j'*AI *aimé, tu* AS *chanté*; la plupart des verbes intransitifs : *j'*AVAIS *marché, que j'*EUSSE *couru*, et certains verbes impersonnels : *il* A *plu, qu'il* AIT *fallu*.

166. Quels sont ceux qui prennent l'auxiliaire *être* ?

Les verbes qui prennent l'auxiliaire *être* sont : les verbes pronominaux : *il s'*EST *repenti, vous vous* ÉTIEZ *flattés*; quelques verbes neutres : *je* SUIS *allé, tu* ÉTAIS *parti*, et un certain nombre de verbes impersonnels : *il* EST *résulté, il* ÉTAIT *survenu*.

---

(1) Ces deux verbes ne sont auxiliaires que lorsqu'ils aident à conjuguer un autre verbe. Quand on dit : *j'ai faim, il est malade*, le verbe *avoir* est un verbe attributif transitif, et le verbe *être* un verbe substantif.

3

CONJUGAISON DU VERBE AVOIR.

MODE INDICATIF.

TEMPS PRÉSENT.

J'ai.
Tu as.
Il *ou* elle a.
Nous avons.
Vous avez.
Ils *ou* elles ont.

IMPARFAIT.

J'avais.
Tu avais.
Il *ou* elle avait.
Nous avions.
Vous aviez.
Ils *ou* elles avaient.

PASSÉ DÉFINI.

J'eus.
Tu eus.
Il *ou* elle eut.
Nous eûmes.
Vous eûtes.
Ils *ou* elles eurent.

PASSÉ INDÉFINI.

J'ai eu.
Tu as eu.
Il *ou* elle a eu.
Nous avons eu.
Vous avez eu.
Ils *ou* elles ont eu.

PASSÉ ANTÉRIEUR.

J'eus eu.
Tu eus eu.
Il *ou* elle eut eu.
Nous eûmes eu.
Vous eûtes eu.
Ils *ou* elles eurent eu.

PLUS-QUE-PARFAIT.

J'avais eu.
Tu avais eu.
Il *ou* elle avait eu.
Nous avions eu.
Vous aviez eu.
Ils *ou* elles avaient eu.

FUTUR SIMPLE.

J'aurai.
Tu auras.
Ils *ou* elle aura.
Nous aurons.
Vous aurez.
Ils *ou* elles auront.

FUTUR ANTÉRIEUR.

J'aurai eu.
Tu auras eu.
Il *ou* elle aura eu.
Nous aurons eu.
Vous aurez eu.
Ils *ou* elles auront eu.

MODE CONDITIONNEL.

TEMPS PRÉSENT OU FUTUR.

J'aurais.
Tu aurais.
Il *ou* elle aurait.
Nous aurions.
Vous auriez.
Ils *ou* elles auraient.

PASSÉ.

J'aurais eu.
Tu aurais eu.
Il *ou* elle aurait eu.
Nous aurions eu.
Vous auriez eu.
Ils *ou* elles auraient eu.

On dit aussi : *j'eusse eu, tu eusses eu, il ou elle eût eu, nous eussions eu, vous eussiez eu, ils ou elles eussent eu.*

MODE IMPÉRATIF.

Point de 1ʳᵉ personne du singulier ni de 3ᵉ pour les 2 nombres.

Aie.

Ayons.

Ayez.

MODE SUBJONCTIF.

TEMPS PRÉSENT OU FUTUR.

Que j'aie.
Que tu aies.
Qu'il *ou* qu'elle ait.
Que nous ayons.
Que vous ayez.
Qu'ils *ou* qu'elles aient.

IMPARFAIT.

Que j'eusse.
Que tu eusses.
Qu'il *ou* qu'elle eût.
Que nous eussions.
Que vous eussiez.
Qu'ils *ou* qu'elles eussent.

PASSÉ.

Que j'aie eu.
Que tu aies eu.
Qu'il *ou* qu'elle ait eu.
Que nous ayons eu.
Que vous ayez eu.
Qu'ils *ou* qu'elles aient eu.

PLUS-QUE-PARFAIT.

Que j'eusse eu.
Que tu eusses eu.
Qu'il *ou* qu'elle eût eu.
Que nous eussions eu.
Que vous eussiez eu.
Qu'ils *ou* qu'elles eussent eu.

MODE INFINITIF.

PRÉSENT.

Avoir.

PASSÉ.

Avoir eu.

PARTICIPE.

PRÉSENT.

Ayant.

PASSÉ.

Eu, ayant eu.

CONJUGAISON DU VERBE ÊTRE.

MODE INDICATIF.

TEMPS PRÉSENT.

Je suis.
Tu es.
Il *ou* elle est.
Nous sommes.
Vous êtes.
Ils *ou* elles sont.

IMPARFAIT.

J'étais.
Tu étais.
Il *ou* elle était.
Nous étions.
Vous étiez.
Ils *ou* elles étaient.

PASSÉ DÉFINI.

Je fus.
Tu fus.
Il *ou* elle fut.
Nous fûmes.
Vous fûtes.
Ils *ou* elles furent.

PASSÉ INDÉFINI.

J'ai été.
Tu as été.
Il *ou* elle a été.
Nous avons été.
Vous avez été.
Ils *ou* elles ont été.

PASSÉ ANTÉRIEUR.

J'eus été.
Tu eus été.
Il *ou* elle eut été.
Nous eûmes été.
Vous eûtes été.
Ils *ou* elles eurent été.

PLUS-QUE-PARFAIT.

J'avais été.
Tu avais été.
Il *ou* elle avait été.
Nous avions été.
Vous aviez été.
Ils *ou* elles avaient été.

FUTUR SIMPLE.

Je serai.
Tu seras.
Il *ou* elle sera.
Nous serons.
Vous serez.
Ils *ou* elles seront.

FUTUR ANTÉRIEUR.

J'aurai été.
Tu auras été.
Il *ou* elle aura été.
Nous aurons été.
Vous aurez été.
Ils *ou* elles auront été.

MODE CONDITIONNEL.

TEMPS PRÉSENT OU FUTUR.

Je serais.
Tu serais.
Il *ou* elle serait.
Nous serions.
Vous seriez.
Ils *ou* elles seraient.

PASSÉ.

J'aurais été.
Tu aurais été.
Il *ou* elle aurait été.
Nous aurions été.
Vous auriez été.
Ils *ou* elles auraient été.

On dit aussi : *j'eusse été, tu eusses été, il ou elle eût été, nous eussions été, vous eussiez été, ils ou elles eussent été.*

MODE IMPÉRATIF.

Point de 1ere personne du sing. ni de 3e des 2 nombres.

Sois.

Soyons.

Soyez.

MODE SUBJONCTIF.

TEMPS PRÉSENT OU FUTUR.

Que je sois.
Que tu sois.

Qu'il *ou* qu'elle soit.
Que nous soyons.
Que vous soyez.
Qu'ils *ou* qu'elles soient.

IMPARFAIT.

Que je fusse.
Que tu fusses.
Qu'il *ou* qu'elle fût.
Que nous fussions.
Que vous fussiez.
Qu'ils *ou* qu'elles fussent.

PASSÉ.

Que j'aie été.
Que tu aies été.
Qu'il *ou* qu'elle ait été.
Que nous ayons été.
Que vous ayez été.
Qu'ils *ou* qu'elles aient été.

PLUS-QUE-PARFAIT.

Que j'eusse été.
Que tu eusses été.
Qu'il *ou* qu'elle eût été.
Que nous eussions été.
Que vous eussiez été.
Qu'ils *ou* qu'elles eussent été.

MODE INFINITIF.

PRÉSENT.

Être.

PASSÉ.

Avoir été.

PARTICIPE.

PRÉSENT.

Étant.

PASSÉ.

Été, ayant été.

PREMIÈRE CONJUGAISON.

VERBE MODÈLE : **AIMER.**

MODE INDICATIF.

TEMPS PRÉSENT.

J'aime.
Tu aimes.
Il aime.
Nous aimons.
Vous aimez.
Ils aiment.

IMPARFAIT.

J'aimais.
Tu aimais.
Il aimait.
Nous aimions.
Vous aimiez.
Ils aimaient.

PASSÉ DÉFINI.

J'aimai.
Tu aimas.
Il aima.
Nous aimâmes.
Vous aimâtes.
Ils aimèrent.

PASSÉ INDÉFINI.

J'ai aimé.
Tu as aimé.
Il a aimé.
Nous avons aimé.
Vous avez aimé.
Ils ont aimé.

PASSÉ ANTÉRIEUR.

J'eus aimé.
Tu eus aimé.
Il eut aimé.
Nous eûmes aimé.
Vous eûtes aimé.
Ils eurent aimé (1).

PLUS-QUE-PARFAIT.

J'avais aimé.
Tu avais aimé.

Il avait aimé.
Nous avions aimé.
Vous aviez aimé.
Ils avaient aimé.

FUTUR SIMPLE.

J'aimerai.
Tu aimeras.
Il aimera.
Nous aimerons.
Vous aimerez.
Ils aimeront.

FUTUR ANTÉRIEUR.

J'aurai aimé.
Tu auras aimé.
Il aura aimé.
Nous aurons aimé.
Vous aurez aimé.
Ils auront aimé.

MODE CONDITIONNEL.

TEMPS PRÉSENT OU FUTUR

J'aimerais.
Tu aimerais.
Il aimerait.
Nous aimerions.
Vous aimeriez.
Ils aimeraient.

PASSÉ.

J'aurais aimé.
Tu aurais aimé.
Il aurait aimé.
Nous aurions aimé.
Vous auriez aimé.
Ils auraient aimé.

On dit aussi : *j'eusse aimé, tu eusses aimé, il eût aimé, nous eussions aimé, vous eussiez aimé, ils eussent aimé.*

---

(1) Il y a, pour chaque conjugaison, un quatrième passé, dont on se sert rarement. Le voici : *j'ai eu aimé, tu as eu aimé, il a eu aimé, nous avons eu aimé, vous avez eu aimé, ils ont eu aimé.*

MODE IMPÉRATIF.

*Point de 1re personne du sing. ni
de 3e pour les 2 nombres.*

Aime.

Aimons.

Aimez.

MODE SUBJONCTIF.

TEMPS PRÉSENT OU FUTUR.

Que j'aime.
Que tu aimes.
Qu'il aime.
Que nous aimions.
Que vous aimiez.
Qu'ils aiment.

IMPARFAIT.

Que j'aimasse.
Que tu aimasses.
Qu'il aimât.
Que nous aimassions.
Que vous aimassiez.
Qu'ils aimassent.

PASSÉ.

Que j'aie aimé.
Que tu aies aimé.
Qu'il ait aimé.
Que nous ayons aimé.
Que vous ayez aimé.
Qu'ils aient aimé.

PLUS-QUE-PARFAIT.

Que j'eusse aimé.
Que tu eusses aime.
Qu'il eût aimé.
Que nous eussions aimé.
Que vous eussiez aimé.
Qu'ils eussent aimé.

MODE INFINITIF.

PRÉSENT.

Aimer.

PASSÉ.

Avoir aimé.

PARTICIPE.

PRÉSENT.

Aimant.

PASSÉ.

Aimé, aimée, ayant aimé.

Conjuguez de même : *chanter, marcher, donner, frapper,
parler, porter, inventer, flatter, chercher, jouer, nouer,
louer,* etc.

SECONDE CONJUGAISON.

VERBE MODÈLE : **FINIR.**

MODE INDICATIF.

TEMPS PRÉSENT.

Je finis.
Tu finis.
Il finit.
Nous finissons.
Vous finissez.
Ils finissent.

IMPARFAIT.

Je finissais.
Tu finissais.
Il finissait.
Nous finissions.
Vous finissiez.
Ils finissaient.

PASSÉ DÉFINI.

Je finis.
Tu finis.
Il finit.
Nous finîmes.
Vous finîtes.
Ils finirent.

PASSÉ DÉFINI.

J'ai fini.
Tu as fini.
Il a fini.
Nous avons fini.
Vous avez fini.
Ils ont fini.

PASSÉ ANTÉRIEUR.

J'eus finis.
Tu eus fini.
Il eut fini.
Nous eûmes fini.
Vous eûtes fini.
Ils eurent fini.

PLUS-QUE-PARFAIT.

J'avais fini.
Tu avais fini.
Il avait fini.
Nous avions fini.
Vous aviez fini.
Ils avaient fini.

FUTUR SIMPLE.

Je finirai.
Tu finiras.
Il finira.
Nous finirons.
Vous finirez.
Ils finiront.

FUTUR ANTÉRIEUR.

J'aurai fini.
Tu auras fini.
Il aura fini.
Nous aurons fini.
Vous aurez fini.
Ils auront fini.

MODE CONDITIONNEL.

TEMPS PRÉSENT OU FUTUR.

Je finirais.
Tu finirais.

Il finirait.
Nous finirions.
Vous finiriez.
Ils finiraient.

PASSÉ.

J'aurais fini.
Tu aurais fini.
Il aurait fini.
Nous aurions fini.
Vous auriez fini.
Ils auraient fini.

On dit aussi : *j'eusse fini. tu eusses fini, il eût fini, nous eussions fini, vous eussiez fini, ils eussent fini.*

MODE IMPÉRATIF.

Point de 1re personne du singulier ni de 3e pour les 2 nombres.

Finis.

Finissons.

Finissez.

MODE SUBJONCTIF.

TEMPS PRÉSENT OU FUTUR.

Que je finisse.
Que tu finisses.
Qu'il finisse.
Que nous finissions.
Que vous finissiez.
Qu'ils finissent.

IMPARFAIT.

Que je finisse.
Que tu finisses.
Qu'il finît.
Que nous finissions.
Que vous finissiez.
Qu'ils finissent.

PASSÉ.

Que j'aie fini.
Que tu aies fini.
Qu'il ait fini
Que nous ayons fini.
Que vous ayez fini.
Qu'ils aient fini.

PLUS-QUE-PARFAIT.	PASSÉ.
Que j'eusse fini.	Avoir fini.
Que tu eusses fini.	
Qu'il eût fini.	**PARTICIPE.**
Que nous eussions fini.	
Que vous eussiez fini.	PRÉSENT.
Qu'ils eussent fini.	Finissant.

INFINITIF.

PRÉSENT.

Finir.

PASSÉ.

Fini , finie , ayant fini.

Conjuguez de même : *avertir , bâtir , choisir , fléchir , gémir, unir , guérir , punir , adoucir , jouir , remplir , périr*, etc.

TROISIÈME CONJUGAISON.

VERBE MODÈLE : **RECEVOIR.**

MODE INDICATIF.

TEMPS PRÉSENT.

Je reçois.
Tu reçois.
Il reçoit.
Nous recevons.
Vous recevez
Ils reçoivent.

IMPARFAIT.

Je recevais.
Tu recevais.
Il recevait.
Nous recevions.
Vous receviez.
Ils recevaient

PASSÉ DÉFINI.

Je reçus.
Tu reçus.
Il reçut.
Nous reçûmes.
Vous reçûtes.
Ils reçurent.

PASSÉ INDÉFINI.

J'ai reçu.
Tu as reçu.

Il a reçu.
Nous avons reçu.
Vous avez reçu.
Ils ont reçu.

PASSÉ ANTÉRIEUR.

J'eus reçu.
Tu eus reçu.
Il eut reçu.
Nous eûmes reçu.
Vous eûtes reçu.
Ils eurent reçu.

PLUS-QUE-PARFAIT.

J'avais reçu.
Tu avais reçu.
Il avait reçu.
Nous avions reçu.
Vous aviez reçu.
Ils avaient reçu.

FUTUR SIMPLE.

Je recevrai.
Tu recevras.
Il recevra.
Nous recevrons.
Vous recevrez.
Ils recevront.

FUTUR ANTÉRIEUR.

J'aurai reçu,
Tu auras reçu.
Il aura reçu.
Nous aurons reçu.
Vous aurez reçu.
Ils auront reçu.

MODE CONDITIONNEL.

TEMPS PRÉSENT OU FUTUR.

Je recevrais.
Tu recevrais.
Il recevrait.
Nous recevrions.
Vous recevriez.
Ils recevraient.

PASSÉ.

J'aurais reçu.
Tu aurais reçu.
Il aurait reçu.
Nous aurions reçu.
Vous auriez reçu.
Ils auraient reçu.

On dit aussi : *j'eusse reçu, tu eusses reçu, il eût reçu, nous eussions reçu, vous eussiez reçu, ils eussent reçu.*

MODE IMPÉRATIF.

Point de 1re personne du sing. ni de 3e pour les 2 nombres.

Reçois.

Recevons.

Recevez.

MODE SUBJONCTIF.

TEMPS PRÉSENT OU FUTUR.

Que je reçoive.
Que tu reçoives.

Qu'il reçoive.
Que nous recevions.
Que vous receviez.
Qu'ils reçoivent.

IMPARFAIT.

Que je reçusse.
Que tu reçusses.
Qu'il reçût.
Que nous reçussions.
Que vous reçussiez.
Qu'ils reçussent.

PASSÉ.

Que j'aie reçu.
Que tu aies reçu.
Qu'il ait reçu.
Que nous ayons reçu.
Que vous ayez reçu.
Qu'ils aient reçu.

PLUS-QUE-PARFAIT.

Que j'eusse reçu.
Que tu eusses reçu.
Qu'il eût reçu.
Que nous eussions reçu.
Que vous eussiez reçu.
Qu'ils eussent reçu.

INFINITIF.

PRÉSENT.

Recevoir.

PASSÉ.

Avoir reçu.

PARTICIPE.

PRÉSENT.

Recevant.

PASSÉ.

Reçu, reçue, ayant reçu.

Conjuguez de même : *apercevoir*, *concevoir*, *percevoir*, et tous ceux dont l'infinitif est en *evoir*. Tous les autres verbes en *oir* sont irréguliers.

QUATRIÈME CONJUGAISON.

VERBE MODÈLE : **RENDRE.**

MODE INDICATIF.

TEMPS PRÉSENT.

Je rends.
Tu rends.
Il rend.
Nous rendons.
Vous rendez.
Ils rendent.

IMPARFAIT.

Je rendais.
Tu rendais.
Il rendait.
Nous rendions.
Vous rendiez.
Ils rendaient.

PASSÉ DÉFINI.

Je rendis.
Tu rendis.
Il rendit.
Nous rendîmes.
Vous rendîtes.
Ils rendirent.

PASSÉ INDÉFINI.

J'ai rendu.
Tu as rendu.
Il a rendu.
Nous avons rendu.
Vous avez rendu.
Ils ont rendu.

PASSÉ ANTÉRIEUR.

J'eus rendu.
Tu eus rendu.
Il eut rendu.
Nous eûmes rendu.
Vous eûtes rendu.
Ils eurent rendu.

PLUS-QUE-PARFAIT.

J'avais rendu.
Tu avais rendu.
Il avait rendu.
Nous avions rendu.
Vous aviez rendu.
Ils avaient rendu.

FUTUR SIMPLE.

Je rendrai.
Tu rendras.
Il rendra.
Nous rendrons.
Vous rendrez.
Ils rendront.

FUTUR ANTÉRIEUR.

J'aurai rendu.
Tu auras rendu.
Il aura rendu.
Nous aurons rendu.
Vous aurez rendu.
Ils auront rendu.

MODE CONDITIONNEL.

TEMPS PRÉSENT OU FUTUR.

Je rendrais.
Tu rendrais.
Il rendrait.
Nous rendrions.
Vous rendriez.
Ils rendraient.

PASSÉ.

J'aurais rendu.
Tu aurais rendu.
Il aurait rendu.
Nous aurions rendu.
Vous auriez rendu.
Ils auraient rendu.

On dit aussi : *j'eusse rendu, tu eusses rendu, il eût rendu, nous eussions rendu, vous eussiez rendu, ils eussent rendu.*

MODE IMPÉRATIF.

Point de 1re personne du singulier ni de 3e pour les 2 nombres.

Rends.

Rendons.

Rendez.

MODE SUBJONCTIF.

TEMPS PRÉSENT OU FUTUR.

Que je rende.
Que tu rendes.
Qu'il rende.
Que nous rendions.
Que vous rendiez.
Qu'ils rendent.

IMPARFAIT.

Que je rendisse.
Que tu rendisses.
Qu'il rendît.
Que nous rendissions.
Que vous rendissiez.
Qu'ils rendissent.

PASSÉ

Que j'aie rendu.
Que tu aies rendu.
Qu'il ait rendu.
Que nous ayons rendu.
Que vous ayez rendu.
Qu'ils aient rendu.

PLUS-QUE-PARFAIT.

Que j'eusse rendu.
Que tu eusses rendu.
Qu'il eût rendu.
Que nous eussions rendu.
Que vous eussiez rendu.
Qu'ils eussent rendu.

MODE INFINITIF.

PRÉSENT.

Rendre.

PASSÉ.

Avoir rendu.

PARTICIPE.

PRÉSENT.

Rendant.

PASSÉ.

Rendu, rendue, ayant rendu.

Conjuguez de même : *attendre, répandre, suspendre, défendre, apprendre, comprendre, répondre, confondre, perdre, mordre,* etc.

DU RADICAL ET DE LA TERMINAISON.

167. Combien de parties renferme le verbe ?

Un verbe renferme toujours deux parties bien distinctes : le *radical* et la *terminaison.*

168. Qu'est-ce que le radical ?

Le *radical* est la partie du verbe qui se retrouve dans toute la conjugaison : celui du verbe *aimer* est AIM; celui du verbe *finir* est FIN, etc.

169. Qu'est-ce que la terminaison ?

La *terminaison* est la partie du verbe qui change selon le mode, le temps, le nombre et la personne : *j'aimE, tu finIRAS, que nous rendISSIONS.*

170. Comment conjugue-t-on un verbe au moyen du radical? Pour conjuguer un verbe, il suffit de placer le radical de ce verbe devant les terminaisons de la conjugaison à laquelle il appartient.

TERMINAISONS DES QUATRE CONJUGAISONS.

MODE INDICATIF.

TEMPS PRÉSENT.

ER.	*IR.*	*OIR.*	*RE.*
e.	is.	ois.	s.
es.	is.	ois.	s.
e.	it.	oit.	»
ons.	issons.	evons.	ons.
ez.	issez.	evez.	ez.
ent.	issent.	ent.	ent.

IMPARFAIT.

ais.	issais.	evais.	ais.
ais.	issais.	evais.	ais.
ait.	issait.	evait.	ait.
ions.	issions.	evions.	ions.
iez.	issiez.	eviez.	iez.
aient.	issaient.	evaient.	aient.

PASSÉ DÉFINI.

ai.	is.	us.	is.
as.	is.	us.	is.
a.	it.	ut.	it.
âmes.	îmes.	ûmes.	îmes.
âtes.	îtes.	ûtes.	îtes.
èrent.	irent.	urent.	irent.

FUTUR SIMPLE.

erai.	irai.	evrai.	rai.
eras.	iras.	evras.	ras.
era.	ira.	evra.	ra.
erons.	irons.	evrons.	rons.
erez.	irez.	evrez.	rez.
eront.	iront.	evront.	ront.

MODE CONDITIONNEL.

TEMPS PRÉSENT OU FUTUR.

erais.	irais.	evrais.	rais.
erais.	irais.	evrais.	rais.
erait.	irait.	evrait.	rait.
erions.	irions.	evrions.	rions.
eriez.	iriez.	evriez.	riez.
eraient.	iraient.	evraient.	raient.

MODE IMPÉRATIF.

TEMPS PRÉSENT.

e.	is.	ois.	s.
ons.	issons.	evons.	ons.
ez.	isssez.	evez.	ez.

MODE SUBJONCTIF.

TEMPS PRÉSENT OU FUTUR.

e.	isse.	oive.	e.
es.	isses.	oives.	es.
e.	isse.	oive.	e.
ions.	issions.	evions.	ions.
iez.	issiez.	eviez.	iez.
ent.	issent.	oivent.	ent.

IMPARFAIT.

asse.	isse.	usse.	isse.
asses.	isses.	usses.	isses.
ât.	ît.	ût.	ît.
assions.	issions.	ussions.	issions.
assiez.	issiez.	ussiez.	issiez.
assent.	issent.	ussent.	issent.

MODE INFINITIF.

TEMPS PRÉSENT.

er.	ir.	evoir.	re.

PARTICIPE.

PRÉSENT.

ant.	issant.	evant.	ant.

PASSÉ.

é.	i.	u.	u.

OBSERVATIONS SUR CERTAINS VERBES DES QUATRE CONJUGAISONS.

Première conjugaison.

171. Quelle observation avez-vous à faire sur les verbes en *cer* ?

Les verbes terminés au présent de l'infinitif par *cer*, comme *avancer*, *placer*, prennent une cédille sous le c, devant les voyelles *a*, *o* : *j'avançai, nous plaçons.*

172. Quand les verbes en *ger* prennent-ils un e après le g ?

Les verbes terminés en *ger*, comme *manger*, *nager*, prennent un e muet après le g, devant les voyelles *a*, *o* : *je mangeai, nous nageons.*

4

173. Que savez-vous sur les verbes qui ont un e muet ou un é fermé à l'avant-dernière syllabe de l'infinitif?

Les verbes qui ont un e muet ou un é fermé à l'avant-dernière syllabe de l'infinitif, comme *mener, semer, céder, régler,* changent cet e muet ou cet é fermé en è ouvert lorsque la syllabe qui suit est muette : *je mène, tu sèmes, il cède, ils règlent.*

174. N'y a-t-il pas une exception?

Excepté les verbes en *éger* qui conservent l'accent aigu : *j'abrége, tu protéges.*

175. Quelle observation faites-vous sur les verbes en *eler* ou *eter*?

Les verbes en *eler* ou *eter*, comme *appeler, jeter,* prennent deux l ou deux t lorsque la syllabe qui suit est muette : *j'appelle, tu jettes.*

176. Cette observation s'applique-t-elle aux verbes en *éler* ou *éter*?

Cette observation ne s'applique pas aux verbes en *éler* ou *éter*, comme *révéler, répéter* : *je révèle, tu répètes,* etc.

177. Dans quel cas les verbes en *ier* prennent-ils deux i de suite?

Les verbes en *ier*, comme *étudier, supplier,* prennent deux i de suite à la première et à la seconde personne du pluriel de l'imparfait de l'indicatif et du présent du subjonctif : *nous étudiions, vous suppliiez; que nous étudiions, que vous suppliiez.*

178. Quand ceux en *yer* prennent-ils un y grec et un i?

Les verbes en *yer*, comme *payer, noyer,* prennent un y et un i à la première et à la seconde personne du pluriel de l'imparfait de l'indicatif et du présent du subjonctif : *nous payions, vous voyiez; que nous payions, que vous voyiez.*

179. Quand l'y grec se change-t-il en i simple?

Dans ces derniers verbes, l'y grec se change en i devant un e muet : *j'emploie, tu essuies,* etc.

180. Quels sont les verbes des trois dernières conjugaisons qui prennent deux i ou un y et un i?

Ces trois dernières observations s'appliquent aussi aux verbes des autres conjugaisons, qui ont le participe présent en *iant* ou en *yant,* comme *rire* et *voir,* qui font *riant* et *voyant* : *nous riions, vous voyiez; que nous riions, que vous voyiez.*

181. Dans quel cas les verbes en *éer* prennent-ils deux e de suite?

Les verbes en *éer*, comme *agréer, créer,* prennent deux e de suite dans toute la conjugaison, excepté devant les voyelles a, o, i : *j'agrée, tu crées; j'agréai, nous créons.* Au participe passé féminin, ils en prennent trois : *une offrande agréée.*

Deuxième conjugaison.

182. Quelle observation avez-vous à faire sur le verbe haïr ?

Le verbe *haïr* prend un tréma sur l'*i* dans toute sa conjugaison, excepté aux trois personnes du singulier du présent de l'indicatif : *je hais, tu hais, il hait*, et à la seconde de l'impératif : *hais*.

Au passé défini et à l'imparfait du subjonctif, il ne prend pas d'accent circonflexe : *nous haïmes, vous haïtes, qu'il haït*.

Troisième conjugaison.

183. Que remarquez-vous sur les verbes devoir et redevoir ?

Les verbes *devoir* et *redevoir* prennent un accent circonflexe au participe passé masculin singulier : *dû, redû*.

Quatrième conjugaison.

184. Quels sont les verbes en dre qui perdent le d aux trois personnes du singulier du présent de l'indicatif?

Parmi les verbes de cette conjugaison qui finissent par *dre*, les uns comme *prendre, répondre, mordre*, conservent le *d* aux trois personnes du singulier du présent de l'indicatif : *je prends, tu réponds, il mord*; les autres, ceux en *indre* et en *soudre*, perdent le *d* : *je crains, tu feins, il absout*.

21ᵉ Exercice.

Corriger les fautes en rappelant les règles.

Nous nous affligons. Il s'annonça. J'achète un livre. Nous prions quand l'orage éclata. Nous payons cela fort cher autrefois. Il cotoye le rivage. Sa proposition est agrée. Paul arranga ses affaires. Nous haïssons le vice. Nous songeâmes aux malheureux. Tu t'avanças beaucoup trop. Ils cacheteront leurs lettres. Il veut que vous appréciez son ouvrage. Il faut que vous le nettoyez. Dieu créa le ciel et la terre. Vous ne haïtes personne. Il se dédommaga. Je me prononçai fortement. Il m'appella à son secours. Vous avez à peine feuilleté mon livre. Nous plions nos lettres quand il arriva. Il importe que nous vous appuyons. Ne le rudoyiez pas. Je renonce à mon projet. Il exerça ses fonctions avec habileté. Ne jettez pas le manche après la cognée. Rappele-toi de ton Créateur. Tu m'effrayes. Quand nous étions jeunes, nous sacrifions trop souvent le devoir au plaisir. Qui paye ses dettes s'enrichit. Il joind la science à la vertu. Tu résouds ce problème. Christ nous absoud, si nous croyions en lui. Je plainds les malheureux. Nous nous récréerons après le travail. Dieu appèle les pécheurs. Craigds l'Éternel. Tu me répons. Il vous surprent.

VERBE INTRANSITIF **PARTIR** (1).

MODE INDICATIF.

TEMPS PRÉSENT.

Je pars.
Tu pars.
Il *ou* elle part.
Nous partons.
Vous partez.
Ils *ou* elles partent.

IMPARFAIT.

Je partais.
Tu partais.
Il *ou* elle partait.
Nous partions.
Vous partiez.
Ils *ou* elles partaient.

PASSÉ DÉFINI.

Je partis.
Tu partis.
Il *ou* elle partit.
Nous partîmes.
Vous partîtes.
Ils *ou* elles partirent.

PASSÉ INDÉFINI.

Je suis   } parti
Tu es   *ou*
Il *ou* elle est   partie.
Nous sommes   } partis
Vous êtes   *ou*
Ils *ou* elles sont   parties.

PASSÉ ANTÉRIEUR.

Je fus   } parti
Tu fus   *ou*
Il *ou* elle fut   partie.
Nous fûmes   } partis
Vous fûtes   *ou*
Ils *ou* elles furent   parties.

PLUS-QUE-PARFAIT.

J'étais   } parti
Tu étais   *ou*
Il *ou* elle était   partie.
Nous étions   } partis
Vous étiez   *ou*
Ils *ou* elles étaient   parties.

FUTUR.

Je partirai.
Tu partiras.
Il *ou* elle partira.
Nous partirons.
Vous partirez.
Ils *ou* elles partiront.

FUTUR ANTÉRIEUR.

Je serai   } parti
Tu seras   *ou*
Il *ou* elle sera   partie.
Nous serons   } partis
Vous serez   *ou*
Ils *ou* elles seront   parties.

MODE CONDITIONNEL.

TEMPS PRÉSENT OU FUTUR.

Je partirais.
Tu partirais.
Il *ou* elle partirait.
Nous partirions.
Vous partiriez.
Ils *ou* elles partiraient.

PASSÉ.

Je serais   } parti
Tu serais   *ou*
Il *ou* elle serait   partie.
Nous serions   } partis
Vous seriez   *ou*
Ils *ou* elles seraient   parties.

---

(1) Les verbes intransitifs se conjuguent comme les verbes transitifs de la conjugaison à laquelle ils appartiennent. Le verbe *partir*, que nous donnons ici, servira de modèle pour conjuguer ceux qui prennent l'auxiliaire *être*.

On dit aussi :		PASSÉ.	
Je fusse	*parti*	Que je sois	parti
Tu fusses	ou	Que tu sois	ou
Il ou elle fût	*partie.*	Qu'il *ou* qu'elle soit	partie.
Nous fussions	*partis*	Que nous soyons	partis
Vous fussiez	ou	Que vous soyez	ou
Ils ou elles fussent	*parties.*	Qu'ils *ou* qu'elles soient	parties.

MODE IMPÉRATIF.

PLUS QUE-PARFAIT.

Point de 1ʳᵉ personne du singulier ni de 3ᵉ pour les 2 nombres.

		Que je fusse	parti
Pars.		Que tu fusses	ou
		Qu'il *ou* qu'elle fût	partie.
Partons.		Que nous fussions	partis
		Que vous fussiez	ou
Partez.		Qu'ils *ou* qu'elles fussent	parties.

MODE SUBJONCTIF.

MODE INFINITIF.

TEMPS PRÉSENT OU FUTUR.

PRÉSENT.

Que je parte.
Que tu partes.
Qu'il *ou* qu'elle parte.
Que nous partions.
Que vous partiez.
Qu'ils *ou* qu'elles partent.

Partir.

PASSÉ.

Être parti *ou* partie.

IMPARFAIT.

PARTICIPE.

Que je partisse.
Que tu partisses.
Qu'il *ou* qu'elle partît.
Que nous partissions.
Que vous partissiez.
Qu'ils *ou* qu'elles partissent.

PRÉSENT.

Partant.

PASSÉ.

Parti, partie ; étant parti *ou* partie.

Conjuguez de même : *sortir , venir ,* etc.

VERBE PRONOMINAL **SE FLATTER** (1).

MODE INDICATIF.

TEMPS PRÉSENT OU FUTUR.

Jé me flatte.
Tu te flattes.
Il *ou* elle se flatte.
Nous nous flattons.
Vous vous flattez.
Ils *ou* elles se flattent.

IMPARFAIT.

Je me flattais.
Tu te flattais.
Il *ou* elle se flattait.
Nous nous flattions.
Vous vous flattiez.
Ils *ou* elles se flattaient.

---

(1) Les verbes pronominaux se conjuguent comme le verbe modèle de la conjugaison à laquelle ils appartiennent. Dans ces verbes, l'auxiliaire *être* est employé pour l'auxiliaire *avoir*, par raison d'euphonie.

PASSÉ DÉFINI.

Je me flattai.
Tu te flattas.
Il *ou* elle se flatta.
Nous nous flattâmes.
Vous vous flattâtes.
Ils *ou* elles se flattèrent.

PASSÉ INDÉFINI.

Je me suis
Tu t'es
Il *ou* elle s'est
Nous nous sommes
Vous vous êtes
Ils *ou* elles se sont

} flatté
ou
flattée.
} flattés
ou
} flattées.

PASSÉ ANTÉRIEUR.

Je me fus
Tu te fus
Il *ou* elle se fut
Nous nous fûmes
Vous vous fûtes
Ils *ou* elles se furent

} flatté
ou
flattée.
} flattés
ou
} flattées.

PLUS-QUE-PARFAIT.

Je m'étais
Tu t'étais
Il *ou* elle s'était
Nous nous étions
Vous vous étiez
Ils *ou* elles s'étaient

} flatté
ou
flattée.
} flattés
ou
} flattées.

FUTUR.

Je me flatterai.
Tu te flatteras.
Il *ou* elle se flattera.
Nous nous flatterons.
Vous vous flatterez.
Ils *ou* elles se flatteront.

FUTUR ANTÉRIEUR.

Je me serai
Tu te seras
Il *ou* elle se sera
Nous nous serons
Vous vous serez
Ils *ou* elles se seront

} flatté
ou
flattée.
} flattés
ou
} flattées.

MODE CONDITIONNEL.

TEMPS PRÉSENT OU FUTUR.

Je me flatterais.
Tu te flatterais.

Il *ou* elle se flatterait.
Nous nous flatterions.
Vous vous flatteriez.
Ils *ou* elles se flatteraient.

PASSÉ.

Je me serais
Tu te serais
Il *ou* elle se serait
Nous nous serions
Vous vous seriez
Ils *ou* elles se seraient

} flatté
ou
flattée.
} flattés
ou
} flattées.

On dit aussi :

Je me fus
Tu te fus
Il *ou* elle se fût
Nous nous fussions
Vous vous fussiez
Ils *ou* elles se fussent

} flatté
ou
flattée.
} flattés
ou
} flattées.

MODE IMPÉRATIF.

Point de 1ᵉ personne du sing. ni de 3ᵉ pour les 2 nombres.

Flatte-toi.

Flattons-nous.

Flattez-vous.

MODE SUBJONCTIF.

TEMPS PRÉSENT OU FUTUR.

Que je me flatte.
Que tu te flattes.
Qu'il *ou* qu'elle se flatte.
Que nous nous flattions.
Que vous vous flattiez.
Qu'ils *ou* qu'elles se flattent.

IMPARFAIT.

Que je me flattasse.
Que tu te flattasses.
Qu'il *ou* qu'elle se flattât.
Que nous nous flattassions.
Que vous vous flattassiez.
Qu'ils *ou* qu'elles se flattassent.

PASSÉ.

Que je me sois
Que tu te sois
Qu'il *ou* qu'elle se soit

} flatté
ou
flattée.

Que nous nous soyons		
Que vous vous soyez	} flattés	
Qu'ils *ou* qu'elles se soient	} *ou* flattées.	

MODE INFINITIF.

PRÉSENT.

Se flatter.

PASSÉ.

S'être flatté *ou* flattée.

PLUS-QUE-PARFAIT.

Que je mě fusse } flatté *ou* flattée.
Que tu te fusses
Qu'il *ou* qu'elle se fût

Que nous nous fussions } flattés *ou* flattées.
Que vous vous fussiez
Qu'ils *ou* qu'elles se fussent

PARTICIPE.

PRÉSENT.

Se flattant.

PASSÉ.

S'étant flatté *ou* flattée.

Conjuguez de même *se tromper, se promener*, etc.

VERBE IMPERSONNEL **PLEUVOIR.**

MODE INDICATIF.

TEMPS PRÉSENT.

Il pleut.

IMPARFAIT.

Il pleuvait.

PASSÉ DÉFINI.

Il plut.

PASSÉ INDÉFINI.

Il a plu.

PASSÉ ANTÉRIEUR.

Il eut plu.

PLUS-QUE-PARFAIT.

Il avait plu.

FUTUR.

Il pleuvra.

FUTUR ANTÉRIEUR.

Il aura plu.

MODE CONDITIONNEL.

TEMPS PRÉSENT OU FUTUR.

Il pleuvrait.

PASSÉ.

Il aurait plu.

MODE SUBJONCTIF.

TEMPS PRÉSENT OU FUTUR.

Qu'il pleuve.

IMPARFAIT.

Qu'il plût.

PASSÉ.

Qu'il ait plu.

PLUS-QUE-PARFAIT.

Qu'il eût plu.

MODE INFINITIF.

TEMPS PRÉSENT.

Pleuvoir.

PARTICIPE.

PRÉSENT.

Pleuvant.

PASSÉ.

Plu.

FORMATION DES TEMPS.

185. Comment divise-t-on les temps des verbes ?

186. Qu'appelez-vous temps primitifs et temps dérivés ?

187. Quels sont les temps primitifs ?

188. Combien de temps forme-t-on avec le présent de l'infinitif ?

189. Comment se forme le futur ?

190. Comment se forme le conditionnel ?

191. Combien de temps forme-t-on avec le participe présent ?

192. Comment se forment les trois pers. plurielles du prés. de l'indicat.?

193. Quelle est l'exception ?

194. Comment se forme l'imparfait de l'indicatif ?

195. Comment se forme le présent du subjonctif ?

On divise les temps des verbes en *temps primitifs* et en *temps dérivés*.

Les *temps primitifs* sont ceux qui servent à former les autres temps ; les *temps dérivés* sont ceux qui sont formés des temps primitifs.

Il y a cinq temps primitifs, savoir : le *présent de l'infinitif*, le *participe présent*, le *participe passé*, le *présent de l'indicatif* et le *passé défini*.

Avec le PRÉSENT DE L'INFINITIF, on forme deux temps :

1° Le *futur simple*, en changeant *r*, *oir* ou *re* en *rai*, *ras*, *ra*, *rons*, *rez*, *ront* : Aimer : *j'aimerai, tu aimeras*, etc. ; finir : *je finirai, tu finiras*, etc.

2° Le *conditionnel présent*, en changeant *r*, *oir*, ou *re* en *rais*, *rais*, *rait*, *rions*, *riez*, *raient* : Aimer : *j'aimerais, tu aimerais*, etc.; finir : *je finirais, tu finirais*, etc.

Avec le PARTICIPE PRÉSENT, on forme trois temps :

1° Les trois personnes du pluriel du *présent de l'indicatif*, en changeant *ant* en *ons*, *ez*, *ent* : aimant : *nous aimons, vous aimez*, etc.; finissant : *nous finissons, vous finissez* etc.

Excepté dans les verbes en *evant*, qui, à la troisième personne du pluriel, changent *evant* en *oivent* : recevant : *ils reçoivent*.

2° L'*imparfait de l'indicatif*, en changeant *ant* en *ais*, *ais*, *ait*, *ions*, *iez*, *aient* : aimant : *j'aimais, tu aimais*, etc.; finissant : *je finissais, tu finissais*, etc.

3° Le *présent du subjonctif*, en changeant *ant* en *e*, *es*, *e*, *ions*, *iez*, *ent* : aimant : *que j'aime, que tu aimes*, etc.; finissant : *que je finisse, que tu finisses*, etc.

196. Quelle est l'exception ?

Excepté dans les verbes en *evant*, qui se terminent, aux trois personnes du singulier, par *oive, oives, oive*, et, à la troisième du pluriel, par *oivent* : recevant : *que je reçoive*, *que tu reçoives*, etc.

197. Quels temps forme-t-on avec le participe passé ?

Avec le PARTICIPE PASSÉ, on forme tous les temps composés au moyen du verbe *avoir* ou du verbe *être* : *j'ai aimé*, *je suis sorti*, *j'avais couru*, *j'étais parti*, etc.

198. Quel temps forme-t-on avec le présent de l'indicatif ?

Avec le PRÉSENT DE L'INDICATIF, on forme *l'impératif* en supprimant les pronoms *tu*, *nous*, *vous*, et le *s* qui termine la seconde personne du singulier des verbes de la 1re conjugaison : *aime, aimons, aimez*; *finis, finissons, finissez.*

199. Quel temps forme-t-on avec le passé défini ?

Avec le PASÉ DÉFINI, on forme *l'imparfait du subjonctif* en changeant *ai* en *asse*, pour les verbes de la 1re conjugaison, et en ajoutant *se*, pour les trois autres : j'aimai : *que j'aimasse*, etc.; je finis : *que je finisse*, etc.

DES VERBES IRRÉGULIERS ET DÉFECTIFS.

200. Qu'appelle-t-on verbes irréguliers ?

Les *verbes irréguliers* sont ceux qui ne se conjuguent pas, en tout ou en partie, comme le verbe modèle de la conjugaison à laquelle ils appartiennent.

201. Qu'est-ce que les verbes défectifs ?

Les *verbes défectifs* ne s'emploient pas à tous les temps et à toutes les personnes (1). Les verbes impersonnels sont de véritables verbes défectifs.

202. Comment peut-on diviser les verbes irréguliers?

Les verbes irréguliers peuvent se diviser en deux classes : 1° ceux qui sont irréguliers dans leurs temps primitifs seulement; 2° ceux qui sont irréguliers dans leurs temps primitifs, et dans les temps dérivés.

203. Comment conjugue-t-on les verbes irréguliers de la 1re classe ?

Pour conjuguer les verbes irréguliers de la première classe, il suffit de connaître leurs temps primitifs, et de former les autres au moyen des règles de la formation des temps.

(1) *Observation*. Lorsqu'un temps primitif manque, ses dérivés manquent également.

VERBES IRRÉGULIERS DANS LEURS TEMPS PRIMITIFS.

PRÉSENT de L'INFINITIF.	PARTICIPE PRÉSENT.	PARTICIPE PASSÉ.	PRÉSENT. de L'INDICATIF.	PASSÉ. DÉFINI.
Bouillir.	Bouillant.	Bouilli.	Je bous.	Je bouillis.
Dormir.	Dormant.	Dormi.	Je dors.	Je dormis.
Faillir.	Faillant.	Failli.	Je faux.	Je faillis.
Fuir.	Fuyant.	Fui.	Je fuis.	Je fuis.
Mentir.	Mentant.	Menti.	Je mens.	Je mentis.
Offrir.	Offrant.	Offert.	J'offre.	J'offris.
Ouvrir.	Ouvrant.	Ouvert.	J'ouvre.	J'ouvris.
Partir.	Partant.	Parti.	Je pars.	Je partis.
Sentir.	Sentant.	Senti.	Je sens.	Je sentis.
Sortir.	Sortant.	Sorti.	Je sors.	Je sortis.
Tressaillir.	Tressaillant	Tressailli.	Je tressaille	Je tressaillis.
Vêtir.	Vêtant.	Vêtu.	Je vêts.	Je vêtis.
Choir.				
Pleuvoir.	Pleuvant.	Plu.	Il pleut.	Il plut.
Pourvoir.	Pourvoyant	Pourvu.	Je pourvois	Je pourvus.
Absoudre.	Absolvant.	Absous, tc.	J'absous.	
Battre.	Battant.	Battu.	Je bats.	Je battis.
Braire.			Il brait.	
Bruire.	Bruyant.			
Circoncire.	Circoncisant	Circoncis.	Je circoncis	Je circoncis
Clore.		Clos.	Je clos.	
Conclure.	Concluant.	Conclu.	Je conclus.	Je conclus.
Confire.	Confisant.	Confit.	Je confis.	Je confis.
Coudre.	Cousant.	Cousu.	Je couds.	Je cousis.
Croire.	Croyant.	Cru.	Je crois.	Je crus.
Croître.	Croissant.	Crû.	Je crois.	Je crus.
Eclore.		Eclos.	Il éclot.	
Ecrire.	Ecrivant.	Ecrit.	J'écris.	J'écrivis.
Exclure.	Excluant.	Exclu.	J'exclus.	J'exclus.
Joindre.	Joignant.	Joint.	Je joins.	Je joignis.
Lire.	Lisant.	Lu.	Je lis.	Je lus.
Luire.	Luisant.	Lui.	Je luis.	
Maudire.	Maudissant.	Maudit.	Je maudis.	Je maudis.
Mettre.	Mettant.	Mis.	Je mets.	Je mis.
Moudre.	Moulant.	Moulu.	Je mouds.	Je moulus.
Naître.	Naissant.	Né.	Je nais.	Je naquis.
Nuire.	Nuisant.	Nui.	Je nuis.	Je nuisis.
Répondre.	Répondant.	Repondu.	Je réponds.	Je répondis
Résoudre.	Résolvant.	Résousrésolu	Je résous.	Je résolus.
Rire.	Riant.	Ri.	Je ris.	Je ris.
Rompre.	Rompant.	Rompu.	Je romps.	Je rompis.
Suffire.	Suffisant.	Suffi.	Je suffis.	Je suffis.
Taire.	Taisant.	Tu.	Je tais.	Je tus.
Suivre.	Suivant.	Suivi.	Je suis.	Je suivis.
Traire.	Trayant.	Trait.	Je trais.	
Vivre.	Vivant.	Vécu.	Je vis.	Je vécus.

VERBES IRRÉGULIERS DANS LEURS TEMPS PRIMITIFS ET DANS LEURS TEMPS DÉRIVÉS.

ALLER. Allant. Allé. Je vais, tu vas, il va, *n.allons*, *v. allez*, ils vont. J'allai. J'irai. J'irais. Va, *allons*, *allez*. Que j'aille, que tu ailles, qu'il aille, *que nous allions*, *que vous alliez*, qu'ils aillent.

ENVOYER. Envoyant. Envoyé. J'envoie. J'envoyai. J'enverrai. J'enverrais.

ACQUÉRIR. Acquérant. Acquis. *J'acquiers, tu acquiers, il acquiert, nous acquérons, vous acquérez,* ils acquièrent. J'acquis. J'acquerrai. J'acquerrais. Que j'acquière, que tu acquières, qu'il acquière, *que nous acquérions, que vous acquériez,* qu'ils acquièrent.

COURIR. Courant. Couru. Je cours. Je courus. Je courrai. Je courrais.

CUEILLIR. Cueillant. Cueilli. Je cueille. Je cueillis. Je cueillerai. Je cueillerais.

GÉSIR. Gisant. *Il gît, nous gisons, vous gisez, ils gisent. Je gisais.* Inusité aux autres temps et à l'infinitif.

MOURIR. Mourant. Mort. Je meurs. Je mourus. Je mourrai. Je mourrais. Que je meure, que tu meures, qu'il meure, *que nous mourions, que vous mouriez,* qu'ils meurent.

TENIR. Tenant. Tenu. *Je tiens, tu tiens, il tient, nous tenons, vous tenez,* ils tiennent. Je tins. Je tiendrai. Je tiendrais. Que je tienne, que tu tiennes, qu'il tienne, *que nous tenions, que vous teniez,* qu'ils tiennent.

VENIR. Venant. Venu. *Je viens, tu viens, il vient, nous venons, vous venez,* ils viennent. Je vins. Je viendrai. Je viendrais. Que je vienne, que tu viennes, qu'il vienne, *que nous venions, que vous veniez,* qu'ils viennent.

DÉCHOIR. Déchu. *Je déchois, tu déchois, il déchoit,* nous déchoyons, vous déchoyez, ils déchoient. *Je déchus.* Je décherrai. Je décherrais. Que je déchoie, que tu déchoies, qu'il déchoie, que nous déchoyions, que vous déchoyiez, qu'ils déchoient. *Que je déchusse.* Les autres temps simples sont inusités.

ÉCHOIR. Échéant. Échu. Il échoit, ou il échet, ils écheient, ou ils échéent. Il échoyait. Il échut. Il écherra. Il écherrait. Qu'il échoie. Qu'il échût.

FALLOIR. Fallu. Il faut. Il fallut. Il faudra. Il faudrait. Qu'il faille (quoiqu'il n'y ait pas de participe présent).

MOUVOIR. Mouvant. Mû. *Je meus, tu meus, il meut, nous mouvons, vous mouvez,* ils meuvent. Je mus. Que je meuve, que tu meuves, qu'il meuve, *que nous mouvions, que vous mouviez,* qu'ils meuvent.

POUVOIR. Pouvant. Pu. *Je peux* ou je puis, *tu peux, il peut, nous pouvons, vous pouvez,* ils peuvent. Je pus. Je pourrai. Je pourrais. Que je puisse.

PRÉVALOIR. Prévalant. Prévalu. Je prévaux. Je prévalus. Se conjugue comme le verbe *valoir*, excepté au présent du subjonctif, qui est régulier : *que je prévale, que tu prévales,* etc.

S'ASSEOIR. S'asseyant. Assis. *Je m'assieds, tu t'assieds, il s'assied, nous nous asseyons, vous vous asseyez, ils s'asseient. Je m'assis. Je m'assiérai* ou je m'asseierai. Je m'assiérais ou je m'asseierais.

SAVOIR. Sachant. Su. *Je sais, tu sais, il sait*, nous savons, vous savez, ils savent. Je savais. Je sus. Je saurai. Je saurais. Sache, sachons, sachez.

VALOIR. Valant. Valu. *Je vaux, tu vaux, il vaut, nous valons, vous valez, ils valent.* Je valus. Je vaudrai. Je vaudrais. Point d'impér. Que je vaille, que tu vailles, qu'il vaille, *que nous valions, que vous valiez*, qu'ils vaillent.

VOIR. Voyant. Vu. Je vois. Je vis. Je verrai. Je verrais.

VOULOIR. Voulant. Voulu. *Je veux, tu veux, il veut, nous voulons, vous voulez*, ils veulent. Je voulus. Je voudrai. Je voudrais. Point d'impératif. Que je veuille, que tu veuilles, qu'il veuille, *que nous voulions, que vous vouliez*, qu'ils veuillent.

BOIRE. Buvant. Bu. *Je bois, tu bois, il boit, nous buvons, vous buvez,* ils boivent. Je bus. Que je boive, que tu boives, qu'il boive, *que nous buvions, que vous buviez*, qu'ils boivent.

DIRE. Disant. Dit. *Je dis, tu dis, il dit, nous disons*, vous dites, ils disent. *Dédire, contredire, interdire, médire, prédire* font : vous dédisez, vous contredisez, etc. Le reste comme *dire.*

FAIRE. Faisant. Fait. *Je fais, tu fais, il fait, nous faisons*, vous faites, ils font. Je fis. Je ferai. Je ferais. Que je fasse.

FRIRE. Frit. *Je fris, tu fris, il frit* (pas de pluriel). Je frirai. Je frirais. Imp. fris (pas de pluriel). Inusité aux autres temps simples.

PRENDRE. Prenant. Pris. *Je prends, tu prends, il prend, nous prenons, vous prenez*, ils prennent. Je pris. Que je prenne, que tu prennes, qu'il prenne, *que nous prenions, que vous preniez*, qu'ils prennent.

VAINCRE. Vainquant. Vaincu. *Je vaincs, tu vaincs, il vainc, nous vainquons, vous vainquez, ils vainquent.* Je vainquis.

VERBE CONJUGUÉ INTERROGATIVEMENT.

MODE INDICATIF.

TEMPS PRÉSENT.

Aimé-je ?
Aimes-tu ?
Aime-t-il ?
Aimons-nous ?
Aimez-vous ?
Aiment-ils ?

IMPARFAIT.

Aimais-je ?
Aimais-tu ?
Aimait-il ?
Aimions-nous ?
Aimiez-vous ?
Aimaient-ils ?

PASSÉ DÉFINI.

Aimai-je ?
Aimas-tu ?
Aimait-il ?
Aimâmes-nous ?
Aimâtes-vous ?
Aimèrent-ils ?

PASSÉ INDÉFINI.

Ai-je aimé ?
As-tu aimé ?
A-t-il aimé ?
Avons-nous aimé ?
Avez-vous aimé ?
Ont-ils aimé ?

PASSÉ ANTÉRIEUR.

Eus-je aimé ?
Eus-tu aimé ?
Eut-il aimé ?
Eûmes-nous aimé ?
Eûtes-vous aimé ?
Eurent-ils aimé ?

PLUS-QUE-PARFAIT.

Avais-je aimé ?
Avais-tu aimé ?
Avait-il aimé ?
Avions-nous aimé ?
Aviez-vous aimé ?
Avaient-ils aimé ?

FUTUR.

Aimerai-je ?
Aimeras-tu ?
Aimera-t-il ?
Aimerons-nous ?
Aimerez-vous ?
Aimeront-ils ?

FUTUR ANTÉRIEUR.

Aurai-je aimé ?
Auras-tu aimé ?
Aura-t-il aimé ?

Aurons-nous aimé ?
Aurez-vous aimé ?
Auront-ils aimé ?

MODE CONDITIONNEL.

TEMPS PRÉSENT OU FUTUR.

Aimerais-je ?
Aimerais-tu ?
Aimerait-il ?
Aimerions-nous ?
Aimeriez-vous ?
Aimeraient-ils ?

PASSÉ.

Aurais-je aimé ?
Aurais-tu aimé ?
Aurait-il aimé ?
Aurions-nous aimé ?
Auriez-vous aimé ?
Auraient-ils aimé ?

On dit aussi :

Eussé-je aimé ?
Eusses-tu aimé ?
Eût-il aimé ?
Eussions-nous aimé ?
Eussiez-vous aimé ?
Eussent-ils aimé ?

Observations sur les verbes conjugués interrogativement.

204. Les verbes s'emploient-ils interrogativement à tous les modes ?

205 Dans quel cas le verbe ne s'emploie-t-il pas interrogativement à la première personne du singulier du présent de l'indicatif ?

206. Où place-t-on le trait-d'union ?

1° Les verbes ne s'emploient interrogativement qu'à l'indicatif et au conditionnel.

2° Un verbe ne s'emploie pas interrogativement à la première personne du singulier du présent de l'indicatif lorsqu'il produit un son désagréable, comme *mens-je? cours-je ?* etc. Il vaut mieux dire : *est-ce que je mens ? est-ce que je cours ?*

3° Dans les temps simples, on met un trait-d'union entre le verbe et le sujet : *sortiras-tu ? finissait-il ?* Dans les temps composés, on le met entre l'auxiliaire et le sujet : *ai-je fini ? as-tu rendu ?*

207. Que fait-on lorsque le verbe est terminé par un e muet, et suivi du pronom *je* ?

208. Et lorsque le verbe est terminé par une voyelle, et suivi de l'un des sujets *il, elle, on* ?

4° Lorsque le verbe est terminé par un e muet et qu'il est suivi du pronom *je*, on change l'*e* muet en *é* fermé : *aimé-je* ? *chanté-je* ?

5° Lorsque le verbe finit par une voyelle et qu'il est suivi de l'un des sujets *il*, *elle*, *on*, la lettre euphonique *t*, placée entre deux traits-d'union, précède toujours le sujet : *aime-t-il* ? *chantera-t-elle* ? *viendra-t-on* ?

MODÈLE D'ANALYSE DU VERBE, DU SUJET ET DU COMPLÉMENT.

Les	art. masc. plur. détermine *cieux*.
Cieux	subst. comm. masc. pl. sujet de *instruisent*.
instruisent	verbe trans. au prés. de l'ind. 3ᵉ pers. du pl. 4ᵉ conj.
la	art. fém. sing. détermine *terre*.
terre	subst. com. fém. sing. comp. direct de *instruisent*.
à	préposition.
révérer	v. trans. au prés. de l'inf. comp. ind. de *instruisent*.
leur	adj. possess. masc. sing. détermin. *auteur*.
auteur.	subst. comm. masc. sing. compl. direct de *révérer*.

Analyser ainsi le 17ᵉ *exercice.*

CHAPITRE VI.

DU PARTICIPE.

209. Qu'est-ce que le participe ?

Le *participe* est un mot qui tient de la nature du verbe et de celle de l'adjectif. Il tient de la nature du verbe, en ce qu'il marque l'état ou l'action, et de celle de l'adjectif, en ce qu'il qualifie le mot auquel il se rapporte : *ces enfants* JOUANT *sous l'ombrage sont* CHÉRIS *de leurs mères.*

210. Combien y a-t-il de sortes de participes ?

211. Qu'est-ce que le participe présent ?

Il y a deux sortes de participes : le *participe présent* et le *participe passé.*

Le *participe présent* est celui qui est terminé en *ant*; il marque l'action et il est toujours invariable : *point d'importuns laquais* ÉPIANT *nos discours.*

212. Qu'est - ce que le participe passé ?

Le *participe passé* est celui qui a diverses terminaisons : *chanté*, *couru*, *fini*, *couvert*, *soumis*. Il est susceptible de s'accorder en genre et en nombre.

22ᵉ Exercice.

Distinguer les participes présents et les participes passés, en rappelant les définitions.

Voyez le Rhône roulant ses eaux. Les enfants aimant Dieu sont bénis. Une mère chérie, adorée. Une famille affligée, secourue. Les étrangers parcourant notre pays. Les heures s'écoulant avec rapidité. Une bourse perdue, retrouvée. Un père désarmé. Une ville assiégée. Les hommes coupant le bois. Les femmes préparant les aliments. Nos contrées entières ravagées. Quelques oiseaux rasant le sol. Les travaux suspendus. Nos leçons récitées. Les fontaines coulant avec un doux murmure.

MODÈLE D'ANALYSE DU PARTICIPE.

Les	article, masc. plur. détermine *élèves*.
élèves	subst. comm. masc. plur. sujet de *seront*.
sachant	participe présent du verbe *savoir*, qualifie *élèves*.
leurs	adj. poss. fém. plur. détermine *leçons*.
leçons	subst. comm. fém. plur. compl. dir. de *sachant*.
seront	verbe subst. au futur simple, 3ᵉ p. du pl. 4ᵉ conj.
récompensés.	participe passé, masc. plur. qualifie *élèves*.

Analyser ainsi le dernier exercice.

CHAPITRE VII.

DE L'ADVERBE.

213. Qu'est - ce que l'adverbe ?

L'*adverbe* est un mot invariable qui modifie un verbe, un adjectif ou un autre adverbe : *parler* ÉLOQUEMMENT, *être* TRÈS *sage*, *répondre* FORT *mal*.

214. D'où lui vient son nom d'adverbe ?

Son nom d'*adverbe* lui vient de ce qu'il accompagne presque toujours un verbe.

215. Quels sont les adverbes les plus usités :
1° De manière ;
2° De temps ;
3° De lieu ;
4° De quantité ;
5° D'affirmation ;
6° De négation ?

Les adverbes les plus usités sont :
1° Pour désigner la manière : *bien, mal, aisément, sagement, utilement* ; 2° pour marquer le temps : *aujourd'hui, hier, demain, jadis, autrefois, bientôt, toujours, jamais,* etc. ; 5° pour marquer le lieu : *ici, là, devant, derrière, dessus, dessous, dedans, dehors,* etc. ; 4° pour indiquer la quantité, *assez, beaucoup, peu, trop, tellement,* etc. ; 5° pour affirmer : *oui, assurément, certes, certainement,* etc. ; 6° pour nier : *non, non pas, ne, ne pas, ne point, nullement,* etc.

216. Qu'appelle-t-on locution adverbiale ?

On appelle *locution adverbiale* toute réunion de mots faisant l'office d'un adverbe, comme *sans cesse, au hasard, tour à tour*.

23ᵉ Exercice.

Reconnaître les adverbes et les locutions adverbiales.

Ton père agit prudemment. Tu te conduis sagement. Il s'amuse aujourd'hui. Il travaillera demain. Nous viendrons ici. Vous demeurez là. Je lis un livre peu intéressant. Vous êtes très avancé. Marchons lentement. Il s'interrompt souvent. Louis s'habille trop négligemment. Il devrait se vêtir plus décemment. On doit toujours se respecter. Sachez dorénavant vos leçons. Vous parlez inconsidérément. Tu arrives trop tard. Causez moins fort. Vous serez puni sévèrement. Mangeons sobrement. Vous courez sans cesse. Vous êtes bien aimable. Il réfléchit mûrement. Ils se trompent tour à tour. Nous travaillons à l'envi. Donnons sur-le-champ. Nous partons après-demain. Ils arrivèrent tout-à-coup. Vous marchez à reculons. Ils se plaignirent à cor et à cri. Vous obéissez à contre-cœur. Nous nous réveillâmes en sursaut.

MODÈLE D'ANALYSE DE L'ADVERBE.

Ils	pron. pers. 3ᵉ pers. du plur. sujet de *apprennent*.
apprennent	verbe trans. au prés. de l'ind. 3ᵉ pers. du plur. 4ᵉ conj.
facilement.	adverbe, modifie *apprennent.*
Nous	pron. pers 1ʳᵉ pers. du plur. sujet de *frappons.*
frappons	v. trans. au prés. de l'ind. 1ʳᵉ pers. du pl. 1ʳᵉ conj.
bien	adverbe, modifie *fort.*
fort.	adverbe, modifie *frapper.*
Tu	pron. pers. 2ᵉ pers. du sing. sujet de *es.*
es	v. sub. au prés. de l'ind. 2ᵉ pers. du sing. 4ᵉ conj.
très	adverbe modifie *honnête.*
honnête.	adjectif qualific. masc. sing. qualifie *tu.*
Il	pron. pers. 3ᵉ pers. du sing. sujet de *réussit.*
réussit	v. intrans. au prés. de l'ind. 3ᵉ pers. du sing. 2ᵉ conj.
par hasard.	locution adverbiale, modifie *réussit.*

Analyser ainsi le dernier exercice.

CHAPITRE VIII.

DE LA PRÉPOSITION.

217. Qu'est-ce que la préposition?

La *préposition* est un mot invariable qui unit deux autres mots et les met en rapport : *voyager* EN *Italie*, *aller* A *Rome*, *table* DE *marbre*.

218. Quelles sont les prepositions les plus usitées?

Les prépositions les plus usités sont : *à*, *après*, *avant*, *avec*, *chez*, *contre*, *dans*, *de*, *depuis*, *dès*, *devant*, *en*, *entre*, *envers*, *par*, *parmi*, *pendant*, *pour*, *sans*, *selon*, *sous*, *sur*, *vers*, etc.

219. Qu'appelle-t-on locution prépositive?

On appelle *locution prépositive* toute réunion de mots faisant l'office d'une préposition, tels que : *en faveur de*, *en face de*, *à cause de*, *au-delà de*, etc.

24ᵉ Exercice.

Reconnaître les prépositions et les locutions prépositives, toujours en rappelant les définitions.

Nous allons sur l'eau. Il vient de Versailles. Il court après la fortune. Nous marchons contre le vent. Il tombe dans un fossé. Ils arrivent avant nous. Il cause avec facilité. Vous serez libre moyennant rançon. Ils dînèrent avec le roi. Paul demeure chez nous. Nous mangeons pour nous nourrir. Vous parlez sans raison. Il se cacha sous la table. Vivons suivant leurs avis. Nous étudions en déjeunant. Ils voyagent par le chemin de fer. Reste parmi nous. Ne dormez pas pendant le jour. On m'a donné un verre de cristal. J'ai acheté un chapeau de paille. Nous marcherons près de lui. Nous nous placerons vis-à-vis du château. Parlez en faveur de votre ami. Mangez de tous les fruits du jardin à la réserve de ceux de l'arbre de la science du bien et du mal.

Analyser ainsi le dernier exercice.

MODÈLE D'ANALYSE DE LA PRÉPOSITION.

Je	pron. pers. 1ʳᵉ pers. du sing. sujet de *travaille*.
travaille	verbe intr. au prés. de l'ind. 1ʳᵉ pers. du sing. 1ʳᵉ conj.
à	préposition.
la	article fém. sing. détermine *campagne*.
campagne	subst. comm. fém. sing. complem. indir. de *travaille*.

5.

CHAPITRE IX.

DE LA CONJONCTION.

220. Qu'est-ce que la conjonction ?

La *conjonction* est un mot invariable qui unit un membre de phrase à un autre membre de phrase : *nous devons aimer Dieu*, CAR *il est notre père*.

221. Quelles sont les conjonctions les plus usitées ?

Les conjonctions les plus usitées sont : *ainsi*, *car*, *cependant*, *comme*, *donc*, *enfin*, *et*, *lorsque*, *mais*, *néanmoins*, *ni*, *or*, *pourquoi*, *quand*, *que*, *quoique*, *si*, *sinon*, *soit*, etc.

222. Comment peut-on distinguer *que*, conjonction, de *que*, pronom relatif ?

Remarque. Il ne faut pas confondre *que*, conjonction, avec *que*, pronom relatif. *Que*, conjonction, n'a point d'antécédent : *je doute* QUE *tu réussisses* ; *que*, pronom relatif, a un antécédent et peut se tourner par *lequel*, *laquelle* : *l'homme* QUE *j'attendais est arrivé* ; on peut dire : *l'homme* LEQUEL HOMME *j'attendais est arrivé*.

223. Qu'appelle-t-on locution conjonctive ?

On appelle *locution conjonctive* toute réunion de mots faisant l'office d'une conjonction, comme *afin de*, *afin que*, *ensorte que*, *parce que*, *pourvu que*, *tandis que*, etc.

25ᵉ Exercice.

Reconnaître les conjonctions et les locutions conjonctives, en rappelant les définitions.

Dieu punira les méchants et il récompensera les bons; car il est juste. Travaillez comme vos camarades. Je pense : donc je suis. Sois attentif lorsqu'on te parle. Amuse-toi, mais ne t'oublies pas. Accepte ce présent puisqu'il te l'offre. Quand tu pries, sois recueilli. Il importe que tu obéisses. Conduis-toi bien, afin que tu sois heureux dans l'autre monde et dans celui-ci. Sois aimable, si tu veux être aimé. Dieu veut que nous l'aimions. Travaillons tandis qu'il est jour.

MODÈLE D'ANALYSE DE LA CONJONCTION.

Je	pron. pers. de la 1ʳᵉ pers. du sing. sujet de *crois*.
crois	verbe trans. au prés. de l'ind. 1ʳᵉ p. du s. 4ᵉ conjug.
que	conjonction.
Paul	subst. prop. masc. sing. sujet de *présentera*.
se	pron. pers. de la 3ᵉ p. du s. comp. dir. de *présentera*.
présentera	verbe pron. au fut. simp. 3ᵉ pers. du sing. 1ʳᵉ conjug.
jusqu'à ce que	locution conjonctive.
il	pron. pers. 3ᵉ pers. du sing. sujet de *ait réussi*.
ait réussi.	v. intr. au passé du subj. 3ᵉ pers. du sing. 2ᵉ conjug. (1).

Analyser ainsi le dernier exercice.

CHAPITRE X.

DE L'INTERJECTION.

224. Qu'est-ce que l'interjection ?

L'*interjection* est un mot invariable qui exprime un sentiment vif et spontané de l'âme : ah ! hélas ! fi ! holà !

225. Quelles sont les interjections les plus fréquemment employées ?

Les interjections les plus fréquemment employées sont :

Ah ! aïe ! hélas ! pour marquer la douleur.

Ah ! oh ! pour marquer la joie, l'admiration.

Ha ! ho ! pour exprimer la surprise, l'étonnement.

Holà ! hé ! pour appeler.

Paix ! chut ! pour imposer silence.

226. Qu'appelle-t-on locution interjective ?

On appelle *locution interjective* toute réunion de mots faisant l'office d'une interjection : *eh bien ! fi donc ! juste ciel !*

26ᵉ Exercice.

Reconnaître les interjections et les locutions interjectives.

Ah ! je suis perdu ! Ah ! vous êtes arrivé ! Oh ! je suis mort ! Hé ! Vous ne me dites rien ! Fi ! c'est très-mal. Hélas ! votre ami est parti.

(1) Le participe précédé d'un auxiliaire ne s'analyse pas séparément.

Oh! vous êtes heureux ! Holà ! comment vous appelez-vous ? Chut !
taisez-vous ! Hé ! parlez-moi. Eh bien ! êtes-vous prêts ? Hélas ! je ne
le verrai plus. Oh ! n'en doutez pas. Juste ciel ! que vous est-il arrivé ?
Hé quoi ! n'avez-vous pas un père ? Motus ! ne dites rien.

MODÈLE D'ANALYSE DE L'INTERJECTION.

Ah!	interjection.
je	pronom pers. 1re pers. du sing. sujet de *souffre*.
souffre.	v. intr. au prés. de l'ind. 1re pers. du sing. 2e conjug.

Analyser ainsi le dernier exercice.

CHAPITRE XI.

RÉSUMÉ ET COMPLÉMENT DE LA PREMIÈRE PARTIE.

ANALYSE GRAMMATICALE.

227. Que signifie le mot analyse ?

Le mot *analyse* signifie *décomposition*.

228. Qu'est-ce que l'analyse grammaticale ?

L'*analyse grammaticale* est la décomposition d'une phrase en autant de parties qu'elle a de mots, pour en faire connaître la *nature*, l'*espèce*, les *accidents* et la *fonction*.

229. Qu'est-ce que faire connaître la nature d'un mot ?

Faire connaître la *nature* d'un mot, c'est dire s'il est substantif, ou article, ou adjectif, ou pronom, etc.

230. Qu'est-ce faire connaître l'espèce ?

Faire connaître l'*espèce*, c'est dire si le mot est substantif commun ou substantif propre, adjectif qualificatif ou déterminatif, pronom personnel ou démonstratif, etc., etc.

231. Qu'est-ce que faire connaître les accidents ?

Faire connaître les *accidents*, c'est indiquer, pour le substantif, l'article et l'adjectif : le genre et le nombre ; pour les pronoms : le genre, le nombre et la personne ; pour les verbes : le nombre, la personne, le mode et le temps.

232. Qu'est-ce que faire connaître la fonction ?

Enfin, faire connaître la *fonction* d'un mot, c'est dire s'il *détermine*, s'il *qualifie* ou s'il *modifie* ; s'il est *sujet*, *complément*, *attribut* ou mis en *apostrophe*.

233. Quels sont les mots qui déterminent ?

Les mots qui déterminent sont l'*article* et les *adjectifs déterminatifs* : ils déterminent le substantif. C'est ainsi qu'on analyse : LE *cheval*, UNE *voiture*, MON *chapeau*, CES *livres*, TEL *enfant* :

Le, article, masc. sing. détermine *cheval*.
Une, adj. num. card. fém. sing. déterm. *voiture*.
Mon, adj. possess. mas. sing. détermine *chapeau*.
Ces, adjectif démonst. masc. pl. déterm. *livres*.
Tel, adj. indéf. masc. sing. déterm. *enfant*.

234. Quels sont ceux qui qualifient ?

Les mots qui qualifient sont les *adjectifs qualificatifs* : ils qualifient le substantif ; c'est ce qui fait qu'on analyse : *le soldat* COURAGEUX, *le* GRAND *jardin* :

Courageux, adject. qual. masc. sing. qualif. *soldat*.
Grand, adjectif qualif. masc. sing. qualif. *jardin*.

235. Quels sont les mots qui modifient ?

Les mots qui modifient sont l'*adverbe* et les *locutions adverbiales* : ils modifient le verbe, l'adjectif ou un autre adverbe ; aussi analyse-t-on : *vous marchez* LENTEMENT, *Paul est* TRÈS *sage*, *Jules écrit* BIEN *mal* :

Lentement, adverbe, modifie *marchez*.
Très, adverbe, modifie *sage*.
Bien, adverbe, modifie *mal*.

236. Quels sont les mots qui peuvent être sujets, compléments ou attributs ?

Les mots qui peuvent être sujets, compléments ou attributs sont le *substantif*, le *pronom* et le *verbe à l'infinitif*.

237. Quand le substantif, le pronom et le verbe à l'infinitif, sont-ils employés comme sujets ?

Le substantif, le pronom et le verbe à l'infinitif sont employés comme *sujets* lorsqu'ils désignent la personne ou la chose qui est dans l'état ou qui fait l'action marquée par le verbe. l'ENFANT *pleure*, NOUS *viendrons*, *trop* PARLER *nuit* s'analyseront :

Enfant, subst. comm. masc. sing. sujet de *pleure*.
Nous, pron. pers. 1re per. du pl. suj. de *viendrons*.
Parler, verbe intrans. au pr. de l'inf. sujet de *nuit*.

238. Quand sont-ils employés comme compléments ?

Le substantif, le pronom et le verbe à l'infinitif sont employés comme *compléments* lorsqu'ils achèvent, qu'ils complètent l'idée exprimée par un autre mot.

On analyse donc : *agréable à* BOIRE, *chacun de* NOUS, *se promener en* VOITURE :

Boire, v. tran. à l'inf. prés. comp. ind. de *agréable.*
Nous, pron. per. 1re p. du pl. comp. ind. de *chacun.*
Se, pron. per. 3e p. du s. comp. dir. de *promener.*
Voiture, subs. com. fém. s. comp. ind. de *promener.*

239. Quand sont-ils employés comme attributs?

Le substantif, le pronom et le verbe à l'infinitif sont employés comme *attributs* lorsqu'ils expriment ce qu'on dit du sujet. C'est ainsi qu'on doit analyser : *la vie est un* VOYAGE , *cet enfant est* LE MIEN , *mentir est* TROMPER :

Voyage, subst. comm. masc. sing. attribut de *vie.*
Le mien, pron. posses. masc. sing. attrib. de *enfant.*
Tromper, v. trans. au pr. de l'inf. attrib. de *mentir.*

240. Quels sont les mots qui peuvent être mis en apostrophe?

Les mots qui peuvent être mis en apostrophe sont : le *substantif* et le *pronom.*

241. Quand le substantif et le pronom sont-ils mis en apostrophe ?

Le substantif et le pronom sont mis en *apostrophe* lorsqu'ils désignent la personne à laquelle on adresse la parole. On analyse : JULES , *viens ici* ; TOI, *ne bouge pas* :

Jules, subst. prop. masc. sing. mis en apostrophe.
Toi, pron. pers. 2e pers. du sing. mis en apostrophe.

MOTS QUI CHANGENT DE NATURE DANS CERTAINS CAS.

242. Quand le substantif est-il employé comme adjectif?

Le substantif est employé comme *adjectif* quand il qualifie un autre substantif, comme dans : *Apollon était* BERGER, qui s'analysera :

Berger, subst. comm. pris adjectivem. mas. sing. qualifie *Apollon.*

243. Quand l'adjectif est-il employé comme substantif?

L'adjectif est employé comme *substantif* lorsqu'il désigne une personne : *le* SAGE *est toujours satisfait.* On analyse donc :

Sage, adj. qual. pris substant. m. sing. sujet de *est.*

244. Quand le verbe transitif est-il employé intransitivement ?

Le verbe transitif est employé *intransitivement* lorsqu'il n'a point de complément direct : *nous* ÉCOUTONS , qu'on analyse :

Écoutons, verbe trans. pris intrans. au présent de l'ind. 1ʳᵉ pers. du sing. 1ʳᵉ conjug.

245. Quand le verbe intransitif est-il pris transitivement?

Le verbe intransitif peut être employé *transitivement*, comme dans COURIR *un lièvre*, qu'on analyse:

Courir, verbe intrans. pris trans. au prés. de l'inf. 2ᵉ conjug.

246. Dans quel cas l'adverbe est-il employé comme substantif?

L'adverbe peut être employé comme *substantif*, et devenir, dès lors, sujet ou complément. PEU *d'enfants aiment l'étude*, *nous avons* BEAUCOUP *d'élèves* s'analyseront:

Peu, adv. pris substantiv. sujet de *aiment*.
Beaucoup, adv. pris subst. compl. direct de *avons*.

FIGURES DE GRAMMAIRE.

247. Qu'appelle-t-on figures, en grammaire?

On appelle *figures*, en grammaire, certaines manières de parler qui s'écartent des règles ordinaires.

248. Quelles sont ces figures?

Ces figures sont au nombre de quatre: la *syllepse*, l'*ellipse*, le *pléonasme* et l'*inversion*.

249. Qu'est-ce que la syllepse?

La *syllepse* est cette figure de grammaire en vertu de laquelle un mot s'accorde, non avec celui auquel il se rapporte grammaticalement, mais avec un autre qui frappe plus l'esprit. C'est par syllepse qu'on dit: *la plupart des hommes* REDOUTENT *la mort*, en faisant accorder le verbe, non avec son sujet *la plupart*, mais avec le mot *hommes*. On analyse donc:

Redoutent, verbe trans. au prés de l'ind. 3ᵉ pers. du p. 1ʳᵉ conj. s'accorde, par syllepse, avec *hommes*.

250. Qu'est-ce que l'ellipse?

L'*ellipse* consiste dans la suppression de certains mots qui ne sont pas nécessaires au sens et que l'esprit supplée sans effort, comme quand on dit: *aimez votre prochain comme vous-même*; ce qui signifie: *aimez votre prochain comme* (vous aimez) *vous-même*.

251. Comment s'analysent les mots sous-entendus ?

Les mots sous-entendus ne s'analysent pas; mais, quand un mot qualifie, modifie, est sujet, complément ou attribut d'un mot sous-entendu, il faut avoir soin de faire connaître ce mot sous-entendu. On dira donc :

Vous, pron. pers. 2ᵉ pers. du pl. complément direct de *aimez* sous-entendu.

252. Qu'est-ce que le pléonasme ?

Le *pléonasme* est, au contraire, une surabondance de mots qu'on pourrait supprimer sans que la phrase en souffrît, mais qui, cependant, ajoutent de la force, de l'énergie à l'expression : MOI, *je pars* s'analysera :

Moi, pron. pers. 1ʳᵉ pers. du sing. sujet employé par pléonasme de *pars*.

253. En quoi consiste l'inversion ?

Il y a *inversion* lorsque les mots ne sont pas placés dans l'ordre naturel de la pensée, qui veut d'abord le sujet suivi de ses compléments, puis le verbe suivi de ses compléments : *des humains l'inconstance est le lot*, pour: *l'inconstance est le lot des humains.*

254. Que doit-on faire quand il y a inversion, pour analyser facilement?

L'inversion n'offre pas de difficultés sérieuses d'analyse; il faut seulement avoir soin de rétablir l'ordre naturel, si l'on veut apercevoir plus facilement les rapports des mots entre eux.

DES GALLICISMES.

255. Qu'entend-on par gallicismes?

On entend par *gallicismes* certaines manières de parler particulières à la langue française, et dont l'analyse ne peut pas toujours rendre compte d'une manière satisfaisante.

Voici quelques exemples de gallicismes :

Il m'en veut.	*en*, pron. per. 3ᵉ per. du sing.; par gallicism. comp. ind. de *veut*.
Il ne fait que de sortir.	*ne que*, loc. adv. mod. *sortir*; *de*, préposition, employée par gallicisme.
Ce sont eux.	*sont*, verbe subst. au prés. de l'ind. 3ᵉ pers. mis au plur. par gallicisme.

Il faut se taire.	*Il*, sujet apparent de *faut; taire*, sujet réel de *faut*. Tous les verbes impersonnels présentent des gallicismes. Le mot *il*, qui les précède, en est le sujet apparent, tandis que le sujet réel se trouve presque toujours exprimé après le verbe sous la forme d'un complément.
Il pleut.	*pleut*, verbe impersonnel dont le sujet réel n'est pas exprimé.
Il a beau faire.	pour, *il a beau jeu pour faire*.

27ᵉ Exercice.

Faire l'analyse grammaticale, oralement et par écrit.

LE PETIT SAVOYARD.

J'ai faim : vous qui passez, daignez me secourir ;
Voyez, la neige tombe et la terre est glacée ;
J'ai froid : le vent s'élève et l'heure est avancée....
     Et je n'ai rien pour me couvrir.

     Tandis qu'en vos palais tout flatte votre envie,
A genoux sur le seuil j'y pleure bien souvent ;
Donnez, peu me suffit ; je ne suis qu'un enfant ;
     Un petit sou me rend la vie.

On m'a dit qu'à Paris je trouverais du pain :
Plusieurs ont raconté dans nos forêts lointaines
Qu'ici le riche aidait le pauvre dans ses peines.
Eh bien ! moi je suis pauvre et je vous tends la main.

     Faites-moi gagner mon salaire :
Où me faut-il courir ? dites, j'y volerai :
Ma voix tremble de froid ; eh bien ! je chanterai
     Si mes chansons peuvent vous plaire.

A. GUIRAUD.

SECONDE PARTIE.

SYNTAXE [1].

—

DE LA PROPOSITION.

1. Qu'est-ce que la syntaxe ?

La *syntaxe* est la partie de la grammaire qui enseigne à lier, à combiner les mots entre eux pour en former des propositions.

2. Qu'est-ce qu'une proposition ?

Une *proposition* est l'expression d'une pensée. *Dieu est juste* : voilà une proposition.

3. Combien la proposition renferme-t-elle de parties ?

La proposition renferme trois parties essentielles : le *sujet*, le *verbe* et *l'attribut*.

4. Qu'est-ce que le sujet d'une proposition ?

Le *sujet* d'une proposition est le mot qui désigne la personne ou la chose dont on parle. Si je dis : *le* LION *est courageux*, le mot *lion* est le sujet de cette proposition.

5. Qu'est-ce que l'attribut ?

L'*attribut* est le mot qui exprime ce que l'on dit du sujet : *la terre est* RONDE; *ronde* est l'attribut.

6. Qu'est-ce que le verbe ?

Le *verbe* est le mot qui met en rapport le sujet et l'attribut : c'est toujours le verbe *être*. Dans la proposition : *Dieu* EST *juste*, le mot *est*, qui met en rapport le sujet *Dieu* avec l'attribut *juste*, est le verbe.

7. Le verbe est-il toujours distinct, séparé de l'attribut ?

Le verbe n'est pas toujours distinct, séparé de l'attribut : mais il est souvent combiné avec cet attribut. Ainsi, quand je dis : *Paul* TRAVAILLE, c'est comme si je disais : *Paul* EST TRAVAILLANT. Dans cet exemple, le verbe est combiné avec l'attribut.

—

(1) Le mot *syntaxe* signifie *arrangement, construction.*

1ᵉʳ **Exercice.**

Reconnaître, dans chaque proposition, le sujet, le verbe et l'attribut.

EXEMPLE. *Paul est sage.* Le sujet de cette proposition est *Paul*, parce qu'il désigne l'être dont on parle ; le verbe est *est* ; l'attribut est *sage*, parce qu'il exprime ce que l'on dit du sujet.

Paul est sage. La terre tourne. Auguste sera puni. Le Rhône est rapide. Les oiseaux chantent. Les abeilles bourdonnent. Le taureau mugit. Cet élève travaillera. Jules sera récompensé. Les chevaux hennissent. Ton chien aboie. Votre chapeau est sale. Ton habit est déchiré. L'âme est immortelle. Dieu est miséricordieux. Les enfants s'amusent. Les fleurs plaisent. Les bœufs labourent. Vous étudierez. Nous récitâmes. Ils seront industrieux. Les Alpes sont belles. Vos canaux sont profonds. Nos terres sont fertiles. Tes amis seront contents. Ils se réjouiront. La Suisse est montagneuse. Le travail est un trésor. Ton cousin écrirait. Nous travaillerions. Vous viendriez. Il a répondu. Nous avons fini. Travailler est mon bonheur. Nous voyagerons. Le temps s'enfuit. La sagesse est rare. L'exercice est salutaire. Ces élèves sont les miens. Mentir est tromper. Ils aiment à lire. L'avenir lui sourit. Rien ne me plaît. La fortune t'abandonne.

SUJETS ET ATTRIBUTS SIMPLES OU COMPOSÉS, COMPLEXES OU INCOMPLEXES.

8. Que peuvent-être le sujet et l'attribut d'une proposition ?

Le sujet et l'attribut d'une proposition peuvent être *simples* ou *composés*, *complexes* ou *incomplexes*.

9. Quand le sujet et l'attribut sont-ils simples ?

Le sujet et l'attribut sont *simples* quand ils sont exprimés par un seul mot : L'HOMME est mortel, le mérite est MODESTE.

10. Quand sont-ils composés ?

Ce sujet et l'attribut sont *composés* quand ils sont exprimés par plusieurs mots : le RICHE et le PAUVRE sont égaux devant Dieu ; les enfants sont LÉGERS et FRIVOLES.

11. Quand le sujet et l'attribut sont-ils complexes ?

Le sujet et l'attribut sont *complexes* quand ils ont un ou plusieurs compléments : l'éclat du SOLEIL éblouit, Dieu est le créateur de l'UNIVERS.

12. Quand sont-ils incomplexes ?

Le sujet et l'attribut sont *incomplexes* lorsqu'ils n'ont aucun complément : TOUT est vanité, médire est une INFAMIE.

2ᵉ Exercice.

*Distinguer les sujets et les attributs simples et composés,
complexes et incomplexes, en rappelant les définitions.*

La nature est belle. Les Français furent victorieux. Charles et Louis
sont partis. La foi, l'espérance et la charité sont des vertus théologales.
Nous aimons les enfants studieux. L'eau de mer est salée. Le soleil et
la lune nous éclairent. Dieu est le créateur de toutes choses. Le cheval,
le mulet et l'âne sont dociles et infatigables. Vous êtes riche et estimé.
Le ciel est pur et serein. Les cerises, les pommes et les figues sont des
fruits excellents. Les pêches et les raisins seront bientôt mûrs. La
pomme de terre et le tabac nous viennent d'Amérique. Le bœuf, la
chèvre et le mouton sont des animaux ruminants. Paris est le centre
des beaux arts. Lyon et Rouen sont riches et industrieuses. Le vice et
la vertu sont opposés. Les mauvaises compagnies corrompent les bonnes mœurs.

DIFFÉRENTES SORTES DE PROPOSITIONS.

13. Qu'est-ce qu'une phrase ?

Une *phrase* est une ou plusieurs propositions qui forment un sens complet : *le
mérite est modeste ; la conscience est un juge
qu'on ne peut corrompre.*

14. Combien une phrase renferme-t-elle de proposi-tions ?

Une phrase contient toujours autant de
propositions que de verbes à un mode personnel, exprimés ou sous-entendus : *la
chose la plus aisée devient pénible quand on
la fait à contre-cœur.* Cette phrase renferme deux propositions; car elle contient
deux verbes à un mode personnel : *devient*
et *fait.*

15. Combien y a-t-il de sortes de propositions ?

Il y a deux sortes de propositions : la
proposition principale et la *proposition secondaire.*

16. Qu'est-ce que la proposition principale ?

La *proposition principale* est celle qui ne
dépend d'aucun autre, et qui exprime l'objet *principal* de la pensée : *le Mont-Blanc
est la plus haute montagne de l'Europe.*

17. Qu'est-ce que la proposition secondaire ?

La *proposition secondaire* est celle qui se
rattache à la principale pour la modifier :
nous vous récompenserons, SI VOUS TRAVAIL-
LEZ ; *si vous travaillez* est une proposition
secondaire.

Il y a deux sortes de propositions secondaires : la proposition *secondaire essentielle* et la proposition *secondaire accessoire.*

La proposition *secondaire essentielle* ne peut se retrancher sans nuire au sens de la proposition principale : *les enfants* QUI DÉSOBÉISSENT *sont sévèrement punis*; *qui désobéissent* est une proposition secondaire essentielle.

La proposition *secondaire accessoire* peut se retrancher sans inconvénient : *la timidité*, QUI EST LA COMPAGNE DU MÉRITE, *empêche quelquefois de parvenir*; *qui est la compagne du mérite* est une proposition secondaire accessoire.

3ᵉ Exercice.

Compter les propositions contenues dans chaque phrase, et en distinguer les différentes espèces, toujours en rappelant les définitions.

L'amour-propre est le plus grand de tous les flatteurs. Les hommes ne sont pas seulement sujets à perdre le souvenir des bienfaits et des injures; ils haïssent même ceux qui les ont obligés, et cessent de haïr ceux qui leur ont fait des outrages. L'application à récompenser le bien et à se venger du mal leur paraît une servitude à laquelle ils ont peine à se soumettre. Il n'y a que les personnes qui ont de la fermeté qui puissent avoir une véritable douceur ; celles qui paraissent douces n'ont d'ordinaire que de la faiblesse, qui se convertit aisément en aigreur. Les querelles ne dureraient pas longtemps si les torts n'étaient que d'un coté. Nous avons plus de paresse dans l'esprit que nous n'en avons dans le corps. On ne doit pas juger du mérite d'un homme que par ses grandes qualités; mais on doit en juger par l'usage qu'il en sait faire. Nous désirerions peu de choses avec ardeur si nous connaisssions parfaitement ce que nous désirons. Celui qui croit pouvoir trouver en soi même de quoi se passer de tout le monde se trompe fort ; mais celui qui croit qu'on ne peut se passer de lui se trompe encore davantage. Le vrai honnête homme est celui qui ne se pique de rien.

6·

PROPOSITIONS DIRECTES ET INVERSES, PLEINES, ELLIPTIQUES ET IMPLICITES.

21. Quand une proposition est-elle directe ?

Une proposition est *directe* lorsque les trois parties qui la composent sont placées dans l'ordre naturel de la pensée, c'est-à-dire le sujet d'abord, puis le verbe, puis l'attribut : *l'univers est immense.*

22. Quand est-elle inverse ?

La proposition est *inverse* lorsque les trois parties qu'elle renferme ne sont pas placées dans l'ordre naturel de la pensée : *heureux sont les anges* (les anges sont heureux).

23. Quand est-elle pleine ?

La proposition est *pleine* lorsque ses trois parties essentielles sont exprimées : *Dieu est puissant.*

24. Quand est-elle elliptique ?

La proposition est *elliptique* lorsque une ou plusieurs de ses parties sont sous-entendues : *travaille* (*toi* travaille).

25. Quand est-elle implicite ?

La proposition est *implicite* lorsqu'elle est exprimée par un seul mot : *adieu !* (je vous recommande à Dieu).

4ᵉ Exercice.

Distinguer les propositions directes, inverses, pleines et implicites, en rappelant les définitions.

Notre mérite nous attire l'estime des honnêtes gens, et notre étoile, celle du public. Déjà prenait l'essor vers nos montagnes cet aigle dont le vol hardi avait effrayé nos provinces. Bénis sont ceux qui font du bien aux autres. Qui vit dans l'infamie est indigne de vivre. La mort de Socrate est d'un sage, celle de Jésus est d'un Dieu. Le crime fait la honte et non pas l'échafaud. Hélas ! nos beaux jours sont passés. Ah ! quel plaisir de vous revoir. Patience ! Chose admirable ! La religion chrétienne, qui semble n'avoir pour objet que la félicité dans l'autre vie, fait aussi notre bonheur dans celle-ci. La compagnie des honnêtes gens est un trésor. L'étude chasse l'ennui, distrait le chagrin, étourdit la douleur ; elle anime et peuple la solitude. Les bons livres sont à l'âme ce que les aliments sont au corps. Voulez-vous qu'on dise du bien de vous, n'en dites pas. L'argent est un bon serviteur et un mauvais maître. L'avarice est plus opposée à l'économie que la libéralité. Un sage médecin disait à ses malades : « de l'exercice, de la gaieté et surtout point d'excès, et moquez-vous de moi. »

CHAPITRE PREMIER.

DU SUBSTANTIF.

DU GENRE DE QUELQUES SUBSTANTIFS.

26. Quel est le genre du mot *aigle*?

AIGLE, désignant un oiseau, est masculin : UN *aigle* NOIR; mais dans le sens d'enseignes, d'armoiries, il est féminin : *l'aigle* IMPÉRIALE, *l'aigle* ROMAINE.

27. De quel genre sont *amour, délice* et *orgue*?

AMOUR, DÉLICE et ORGUE sont masculins au singulier et féminins au pluriel : UN GRAND *amour*, *de* GRANDES *amours*; UN GRAND *délice*, de GRANDES *délices*; UN BEL *orgue*, de BELLES *orgues*.

28. Quel est le genre du mot *enfant*?

ENFANT est masculin quand il désigne un garçon, et féminin quand il désigne une fille : *votre fils est* UN *enfant bien* ÉLEVÉ; *sa sœur est* UNE BELLE *enfant*.

29. Que savez-vous sur *gens*?

GENS veut au féminin les correspondants qui précèdent et au masculin ceux qui suivent : *les* MÉCHANTES *gens sont* DÉTESTÉS.

30. Quel est le genre de *hymne*?

HYMNE, chant d'église, est féminin : UNE BELLE *hymne*; dans tous les autres cas, il est masculin : *un hymne* GUERRIER.

5ᵉ Exercice.

Corriger les fautes en invoquant les règles.

Je fais de la lecture mes plus grands délices. Il y a dans votre cathédrale de fort beaux orgues. Y a-t-il jamais eu des amours plus sacrés! Les aigles du Jardin des Plantes sont noires ou brunes. Les aigles romains tombèrent au pouvoir des ennemis. Les gens qui se trouvent heureuses sont rares. Les bonnes gens sont estimées. Ces personnes sont les meilleurs gens du monde. L'amour d'une mère est constante. La religion procure les délices les plus vrais et les plus purs. Les orgues de Fribourg sont les plus beaux de toute l'Europe. Les prêtres entonnèrent un hymne divin. Les honnêtes gens sont respectées. Nous avons de belles hymnes patriotiques. Mon enfant, ma Julie, je te recommande d'être soumis. L'aigle impérial a parcouru victorieux toute l'Europe.

DU NOMBRE DE QUELQUES SUBSTANTIFS.

31. Quel est le pluriel de *aïeul?*	AÏEUL, désignant les ancêtres en général, fait *aïeux* au pluriel : *il était fier de ses* AÏEUX ; mais lorsqu'il signifie les grands-pères, il fait *aïeuls : ses deux* AÏEULS *existent encore.*
32. Quel est le pluriel de *ait?*	AIL, espèce d'oignon, a deux pluriels : *ails* et *aulx*; mais le premier est plus généralement employé : *ces* AILS *ont une odeur très-forte; voilà des* AULX *bien cultivés.*
33. Comment fait *ciel* au pluriel?	CIEL, dans sa signification ordinaire, fait *cieux* au pluriel : *les* CIEUX *instruisent la* terre. Dans tous les autres cas, il fait *ciels : des* CIELS *de lit , des* CIELS *de tableaux.*
34. Quel est le pluriel de *œil?*	OEIL fait *yeux*, au pluriel : *les* YEUX *sont le miroir de l'âme;* mais on dit : *des* OEILS-*de-bœuf,* pour désigner de petites fenêtres rondes; *des* OEILS *de perdrix,* pour un genre de dessin employé dans certaines étoffes.
35. Comment fait *travail?*	TRAVAIL fait au pluriel *travaux: nos* TRA-VAUX *sont finis* ; mais il fait *travails* lorsqu'il désigne certains rapports qu'un subordonné rend à son supérieur , ou cette machine à laquelle on attache les chevaux vicieux : *le conseil s'est réuni pour examiner les* TRAVAILS *qui lui ont été adressés; ce cheval a brisé deux* TRAVAILS.

6e Exercice.

Corriger les fautes en invoquant les règles.

Les ciels proclament la gloire de Dieu. Les cieux de carrière n'ont point d'étoiles. Ses aïeux assistaient à son mariage. Il n'a d'autre mérite que celui de ses aïeuls. Autrefois on faisait des yeux-de-bœuf à toutes les maisons. Où avez-vous acheté ces yeux de perdrix? Les ails viennent presque tous du Midi. Les œils sont la lumière du corps. Ce peintre fait bien les cieux. Les cieux-de-lit ne sont plus en usage. Ses deux aïeux ont occupé des charges importantes. Pourra-t-on consommer tous ces ails? La voûte des ciels est parsemée d'étoiles. Le succès sera la récompense de tous vos travails. Le résumé de ces travaux nous a été communiqué. Dans les premières leçons de dessin, on fait des œils et des oreilles. Ce cheval est trop calme pour qu'on ait besoin de travaux.

PLURIEL DES NOMS PROPRES.

36. Comment écrit-on les noms propres au pluriel?

Les noms propres s'écrivent au pluriel comme au singulier : *les deux* RACINE, *les deux* ROUSSEAU.

37. Quand prennent-ils la marque du pluriel ?

Les noms propres prennent la marque du pluriel lorsqu'ils sont employés comme noms communs, c'est-à-dire pour désigner des individus semblables à ceux dont on emploie le nom : *les* NAPOLÉONS *sont rares; tous les siècles n'ont pas des* HOMÈRES.

38. Dans quel cas encore prennent-ils la marque du pluriel?

Ils prennent aussi la marque du pluriel lorsqu'ils désignent des familles historiques : *les* BOURBONS *ont régné longtemps sur la France; les* CONDÉS *sont célèbres.*

7° Exercice.

Corriger les fautes en invoquant les règles.

Qu'avons-nous à envier aux autres nations ? N'avons-nous pas eu nos Virgile et nos Homère, comme nos César et nos Pompée. Les Bossuets, les Fénélons, les Racines, les Molières, les Boileaux n'ont pas moins illustré le siècle de Louis XIV que les Condés et les Turenne. Les vertus peuvent-elles fleurir sous des Nérons? On voit rarement des Alexandre et des César. On estime les ouvrages des Buffons, des Cuviers, des Linnées, des de Jussieux. La branche directe des Capet a occupé le trône pendant 341 ans. Tous les siècles ne voient pas naître des Charlemagne. Les Homère et les Virgile sont rares. La famille des Stuart a été malheureuse.

SUBSTANTIFS EMPRUNTÉS DES LANGUES ÉTRANGÈRES.

39. Comment s'écrivent au pluriel les substantifs empruntés des langues étrangères ?

Les substantifs tirés des langues étrangères, et qu'un usage fréquent a désormais rendus français, prennent la marque du pluriel : *un alinéa, des alinéas ; un numéro, des numéros.*

40. Quelles sont les exceptions ?

Il faut en excepter cependant :

1° Ceux qui désignent des prières, des hymnes, comme des *alleluia*, des *ave*, des *credo*, etc.

2° Ceux qui sont formés de plusieurs mots : des *auto-da-fé*, des *fac-simile*, des *in-octavo*, des *Te-Deum.*

8° Exercice.

Corriger les fautes en invoquant les règles.

Des accessit. Des agenda. Des album. Des alinéa. Des almanach. Des alto. Des bravo. Des club. Des dalhia. Des déficit. Des diorama. Des domino. Des duo. Des duplicata. Des errata. Des alléluia. Des ave. Des benedicite. Des confiteor. Des amen. Des auto - da - fé. Des ave maria. Des et cœtera. Des fac-simile. Des forté-piano. Des exéat. Des examen. Des folio. Des indigo. Des lady. Des macaroni. Des numéro. Des opéra. Des pensum. Des magnificat. Des maximum. Des minimum. Des in-folio. Des mezz)-termine. Des quiproquo. Des récépissé. Des reliquat. Des sofa. Des spécimen. Des tylbury. Des trio. Des pater. Des veto. Des nota bene. Des Te Deum.

SUBSTANTIFS COMPOSÉS.

Première règle.

41. Comment s'écrit un substantif composé formé de deux substantifs?

Lorsqu'un substantif composé est formé de deux substantifs placés immédiatement l'un après l'autre, ces deux substantifs prennent la marque du pluriel : *un chef-lieu, des chefs-lieux.*

Deuxième règle.

42. Comment s'écrit-il, quand les deux substantifs sont unis par une préposition?

Lorsqu'un substantif composé est formé de deux substantifs unis par une préposition, le premier de ces substantifs prend seul la marque du pluriel : *un chef-d'œuvre, des chefs-d'œuvre.*

Troisième règle.

43. Comment s'écrit un substantif composé formé d'un substantif et d'un adjectif?

Lorsqu'un substantif composé est formé d'un substantif et d'un adjectif, ces deux mots prennent la marque du pluriel : *un grand-père, des grands-pères,*

Quatrième règle.

44. Comment s'écrit-il lorsqu'il est formé d'un substantif joint à un verbe, à un adverbe ou à une préposition?

Lorsqu'un substantif composé est formé d'un substantif joint à un verbe, à un adverbe, à une préposition, le substantif seul prend la marque du pluriel : *des essuie-mains, des arrière-saisons, des contre-coups.*

Cinquième régle.

45. Comment s'écrit un substantif composé qui ne renferme ni substantif, ni adjectif?

Lorsqu'un substantif composé ne renferme ni substantif ni adjectif, tous les mots dont il est formé restent invariables: *un pour - boire, des pour - boire; un passe - partout, des passe-partout.*

Exceptions.

46. Quelles sont les exceptions :
A la 1ʳᵉ règle?

A la 1ʳᵉ règle : des appuis-main, des Hôtels-Dieu, un ou des brèche-dents, des bains - marie, des Fêtes-Dieu.

A la 2ᵉ règle?

A la 2ᵉ règle : des coq-à-l'âne, des pied-à-terre, des tête-à-tête.

A la 3ᵉ règle ?

A la 3ᵉ règle : des blanc-seings, des chevau-légers, des grand'mères, des grand'messes, des vice-rois.

A la 4ᵉ règle ?

A la 4ᵉ règle : des fier-à-bras, des réveille-matin, des serre-tête, des casse-tête, des gagne-pain, des contre-poison, un ou des porte-mouchettes, un ou des couvre-pieds, un ou des cure-dents, un ou des chasse-mouches, un ou des essuie-mains.

9ᵉ Exercice.

Corriger les fautes en invoquant les règles.

Des garde-malade. Des reine-marguerite. Des chien-loup. Des brèche-dent. Des Hôtel-Dieu. Des bain-marie. Des chef-d'œuvre. Des jet-d'eau. Des pied-à-terre. Des pot-au-feu. Des tête-à-tête. Des coq-à-l'âne. Des garde-champêtre. Des beau-père. Des grand-oncle. Des loups-garou. Des pie-grièche. Des guet-apens. Des loup-cervier. Des arrière-petit-fils. Des vice-roi. Des réveille-matin. Des avant-coureur. Des contre-poison. Des essuie-main. Des couvre-pied. Des chasse-mouche. Des tire-bouchon. Des porte-plume. Des cure-dent. Des pince-sans-rire. Des passe-partout. Des serre-tête. Des oiseau-mouche. Des perce-neige. Des porte-drapeau. Des appui-main. Des contre-coup. Des passe-port. Des casse-tête. Des coupe-gorge. Des ver-à-soie.

CHAPITRE II.

DE L'ARTICLE.

EMPLOI DE L'ARTICLE.

47. Dans quel cas n'emploie-t-on pas l'article ?

On n'emploie pas l'article devant les substantifs pris dans un sens général, indéterminé : *un gilet de* SATIN, *une robe de* SOIE.

48. Dans quel cas emploie-t-on du, des, de la ?

On emploie *du*, *des*, *de la*, devant un substantif pris dans un sens partitif : *donnez-moi* DU PAIN, *voilà* DES FRUITS, *prenez* DE LA VIANDE.

49. Quelle est l'exception ?

Excepté lorsque le substantif pris dans un sens partitif est précédé d'un adjectif : *vous avez* DE BEAUX ENFANTS ; *ils reçoivent* DE BONNES LEÇONS.

50. Qu'emploie-t-on devant *plus*, *mieux*, *moins* pour exprimer une comparaison ?

Avant *plus*, *mieux*, *moins*, on emploie *le*, *la*, *les* lorsqu'on veut exprimer une comparaison : *la rose est* LA PLUS *belle fleur*; *ces élèves sont* LES MIEUX *préparés*.

51. Dans quel cas emploie-t-on simplement le ?

Mais on emploie simplement *le*, quand on veut exprimer une qualité au plus haut degré, sans comparaison : *c'est le matin que la rose est* LE PLUS *belle*.

52. Dans quel cas *le plus*, *le mieux*, *le moins* sont-ils toujours invariables ?

Le plus, *le mieux*, *le moins* sont invariables lorsqu'ils modifient un verbe ou un adverbe : *voici les élèves qui se conduisent* LE MIEUX, *et qui travaillent* LE PLUS *assidûment*.

RÉPÉTITION DE L'ARTICLE.

53. Dans quel cas répète-t-on l'article ?

On doit répéter l'article :
1° Avant chaque substantif employé comme sujet ou comme complément : LE *soleil*, LA *lune* et LES *planètes forment le système solaire*.

54. Quand ne répète-t-on pas l'article avant deux adjectifs unis par *et*?

2º Avant deux adjectifs unis par *et* lorsqu'ils ne se rapportent pas à une seule personne ou à une seule chose : L'*ancien* et LE *nouveau continent*. Mais on dira : LA *belle* et *fertile Touraine*; car les adjectifs *belle* et *fertile* se rapportent à une seule chose.

16ᵉ Exercice.

Corriger les fautes en invoquant les règles.

J'ai une table du marbre. Donnez-moi du bon papier et de la bonne encre. Il tombe de neige. Les père et mère sont ici. Avez-vous de l'excellente bière ? Les frère et sœur les accompagnent. Cette personne est résignée alors même qu'elle a la plus de chagrin. Les officiers et soldats furent passés au fil de l'épée. Cette robe est celle qui vous va la mieux. Nous avons des grands et petits appartements. Voilà des belles maximes. Ne donnez pas des mauvais exemples. La personne le moins aimable est quelquefois celle qui est le plus aimé. Avez-vous de pain ? A-t-il de fortune ? Ces auteurs sont le plus recherchés. Vos leçons sont le moins suivies. Le cher et le fidèle ami est arrivé. Ces élèves sont le moins avancés, mais le plus attentifs.

CHAPITRE III.

DE L'ADJECTIF.

ADJECTIFS QUALIFICATIFS.

55. Comment s'accorde l'adjectif?

L'adjectif s'accorde en genre et en nombre avec le substantif auquel il se rapporte : *un* GRAND *garçon*, *de* GRANDS *garçons*; *une* GRANDE *fille*, *de* GRANDES *filles*.

56. Comment s'écrit l'adjectif qui se rapporte à plusieurs substantifs?

L'adjectif qui se rapporte à plusieurs substantifs se met au pluriel, et prend le genre masculin si les substantifs sont de différents genres : *le père et la mère sont* CONTENTS.

57. Dans quels cas l'adjectif, placé après plusieurs substantifs, s'accorde-t-il avec le dernier ?

L'adjectif placé après plusieurs substantifs s'accorde avec le dernier :

1° Quand ces substantifs sont synonymes : *on lui a reconnu des talents, une capacité* EXTRAORDINAIRE ;

2° Quand ils sont unis par la conjonction *ou* : *un homme ou une femme* SENSÉE.

3° Lorsque ces substantifs sont placés par gradation : *mon frère, ma sœur, ma mère même fut* MALADE.

58. Que savez-vous sur *nu et demi* ?

Les adjectifs NU et DEMI sont invariables lorsqu'ils précèdent le substantif : NU-*tête*, DEMI-*heure*.

59. Comment s'écrit *demi* après un substantif ?

DEMI, placé après un substantif, en prend seulement le genre : *trois heures et* DEMIE.

60. Que savez-vous sur l'adjectif *feu* ?

FEU s'accorde lorsqu'il précède immédiatement le substantif : *la* FEUE *reine*. Dans tout autre cas, il reste invariable : FEU *la reine*, FEU *ma tante*.

61. Avec quel mot s'accorde l'adjectif employé comme adverbe ?

Tout adjectif employé comme adverbe reste invariable : *ces fleurs sentent* BON, *ces livres coûtent* CHER, *ces personnes chantent* JUSTE.

11ᵉ Exercice.

Corriger les fautes en invoquant les règles.

Des hommes et des femmes malheureuses. Des talents, une supériorité incontestables. Dans son enfance, Henri IV marchait nue-tête et pieds-nu. La feu reine est très-regrettée. Feue ma mère nous recommandait chaque jour d'être sages. Il y a des animaux qui ne vivent qu'une demie-journée. Les boulangers travaillent demi-nu. Cet homme fait des gestes, des grimaces extravagants. Les demis-remèdes sont pire que les grand maux. Un travail, une occupation continuels. Les demies-mesures sont souvent funeste. La demie-heure vaut trente minutes. Un caractère, une humeur insupportables. Le roi et le berger sont égal après la mort. La veste et le chapeau noir. La blouse ou l'habit bleus. Le gilet ou le pantalon blancs. La mère, l'enfant, le père même fut malades. Il est une heure et demi. Placez ces gravures plus hautes. Mettez celles-ci plus basses. La mère et l'enfant chéri. Vous avez lu deux heures et demies.

ADJECTIFS DÉTERMINATIFS.

ADJECTIFS NUMÉRAUX.

62. Que savez-vous sur *vingt* et *cent*?

Parmi les adjectifs numéraux, il n'y a que VINGT et CENT qui soient susceptibles de prendre la marque du pluriel.

63. Dans quel cas *vingt* et *cent* prennent-ils un *s*?

VINGT et CENT prennent la marque du pluriel lorsqu'ils sont multipliés par un autre nombre : QUATRE-VINGTS *francs*, DEUX CENTS *bouteilles*.

64. Quelle est l'exception?

Excepté lorsqu'ils sont suivis d'un autre nombre : QUATRE-VINGT-DEUX élèves, DEUX CENT QUARANTE *chevaux*.

65. Varient-ils lorsqu'ils sont mis pour *vingtième* et *centième*?

Ils sont toujours invariables lorsqu'ils sont employés pour *vingtième*, *centième* : *page* QUATRE-VINGT, *numéro* TROIS CENT.

66. Le mot *mille* prend-il un *s*?

MILLE, adjectif numéral, est invariable : *trois* MILLE *francs*, *dix* MILLE *soldats*.

MILLE, mesure itinéraire, est substantif et prend la marque du pluriel : *nous avons marché trois* MILLES.

67. Dans quel cas écrit-on *mil*?

On écrit MIL dans l'énonciation des années : *l'an* MIL *huit cent cinquante*.

ADJECTIFS POSSESSIFS.

68. Quand remplace-t-on l'adjectif possessif par l'article?

On remplace l'adjectif possessif par l'article toutes les fois que l'être ou l'objet possesseur est clairement indiqué.

Ainsi, au lieu de dire : *j'ai mal à* MA *tête*, il faut dire : *j'ai mal à* LA *tête*.

69. N'y a-t-il pas une exception?

Excepté quand il s'agit d'une chose habituelle : *j'ai* MA *migraine*, SA *goutte le retient au lit*.

70. Peut-on dire : *mes père et mère*, *ses frère et sœur*?

On répète les adjectifs possessifs avant chaque substantif : MON *père et* MA *mère*, SON *frère et* SA *sœur*; et avant deux adjectifs unis par *et*, lorsqu'ils ne se rapportent pas à une seule personne ou à une seule chose : MA *grande et* MA *petite maison*.

12ᵉ Exercice.

Corriger les fautes en invoquant les règles.

Nous avons vu six cent soldats et deux cent chevaux. Il est arrivé quatre-vingt officiers ou sous-officiers. Ce meuble a coûté quatre-vingts-cinq francs, et celui-ci deux cents-quarante. J'ai lu jusqu'à la page quatre-vingts. Me voici au numéro trois cents. Charlemagne a été couronné empereur l'an huit cents. Mon père est mort à l'âge de quatre-vingt ans. J'ai gagné deux mille francs. Je suis né en mil huit cents-vingts. Il a mal à sa joue. Il souffre de son bras. Nous marchâmes vingts mille sans nous reposer. Mes père et mère sont morts. Ses frère et sœur sont partis. Cette caisse pèse quatre-vingts-douze kilogrammes. Trois mille d'Angleterre font à peu près une lieue de France. J'ai mal à ma tête. Je me suis tordu ma cheville. Ma gastrite me fait souffrir beaucoup. Saint-Louis a fondé l'hôpital des Quinze-vingt. Ses bonnes et mauvaises qualités, ses belles et ses grandes actions, sa conduite scandaleuse et ses vertus éclatantes font de lui un être incompréhensible.

ADJECTIFS INDÉFINIS.

71. Dans quel cas *même* est-il adjectif?	MÊME est adjectif et s'accorde lorsqu'il signifie *qui n'est pas autre, qui n'est pas différent* : les MÊMES *élèves, ces paroles* MÊMES, *les enfants* eux-MÊMES.
72. Dans quel cas est-il adverbe?	*Même* est adverbe et reste invariable lorsqu'il signifie *de plus, aussi,* ou qu'il modifie un verbe : *les rois* MÊME *sont sujets à la mort; nous devons aimer* MÊME *nos ennemis.*
73. Quand le mot *quelque* varie-t-il?	QUELQUE varie lorsqu'il est suivi d'un substantif, ou d'un adjectif précédant un substantif : QUELQUES *hommes,* QUELQUES *beaux enfants.*
74. Quand ne varie-t-il pas?	*Quelque* est adverbe et reste invariable lorsqu'il signifie *tout, quoique, tellement* : QUELQUE *pénibles que soient mes fonctions;* QUELQUE *adroitement qu'ils s'y prennent.*

75. Comment peut-on distinguer *quel que*, en deux mots, de *quelque*, en un seul mot?

Ne confondez pas QUEL QUE, en deux mots, avec QUELQUE, en un mot. *Quel que*, en deux mots, est toujours suivi d'un verbe, et se compose de *quel*, adjectif, qui s'accorde avec le sujet du verbe, et de *que*, conjonction, qui reste invariable : QUELS QUE *soient vos projets*, QUELLES QUE *soient vos espérances*.

76. Dans quel cas le mot *tout* est-il adjectif?

Il ne faut pas confondre, non plus, TOUT, adjectif, avec TOUT, adverbe.

Tout est adjectif lorsqu'il se rapporte à un substantif ou à un pronom : TOUS *les hommes*, TOUTES *les femmes*, *elles y sont* TOUTES.

77. Quand est-il adverbe?

Tout est adverbe lorsqu'il signifie *tout-à-fait*, *quelque*, *entièrement*, et il reste invariable : *ils furent* TOUT *surpris*, *la terre* TOUT *entière*.

78. Dans quel cas *tout*, quoique adverbe, varie-t-il?

Cependant *tout*, quoique adverbe, varie lorsqu'il est suivi d'un adjectif féminin commençant par une consonne ou un *h* aspiré : TOUTES *craintives*, TOUTES *honteuses qu'elles soient.*

13ᵉ Exercice.

Corriger les fautes en invoquant les règles.

Quelque soient les humains, il faut vivre avec eux. Les Dieux eux-même devinrent jaloux des bergers. Voilà les quelque livres que vous avez demandés. Tout les bons citoyens doivent défendre la patrie. La nature toute entière frémit à son approche. Tout stupéfaite qu'elle fût, elle ne laissa pas que de se défendre énergiquement. Quelque bons amis sont venus nous voir. Quelques riches qu'ils soient, ils seront condamnés. On dit que les négresses aiment les robes tout blanches. Quelques corrompues que soient nos mœurs, le vice n'a pas encore perdu tout sa honte. Quelque vains lauriers que promette la guerre, on ne peut être héros sans ravager la terre. Quelque soient ses penchants, le sage les surmonte. Cette personne est toute en sueur. Il employait tout ses talens, tout ses richesses pour le bonheur des autres. Le père, la mère, les enfants mêmes périrent. Ses parents mêmes refusèrent de le recevoir. Les Français sont tout égaux devant la loi. Vos cousins viendront-ils eux-même ? J'ai reçu les quelque offrandes que vous avez recueillies. Dieu ne peut cesser d'être juste, quelque soit sa miséricorde.

CHAPITRE IV.

DU PRONOM.

PRONOMS PERSONNELS.

79. Où se placent les pronoms personnels employés comme sujets ?

Les pronoms personnels employés comme sujets se placent ordinairement avant le verbe : JE *parle*, TU *as couru*, IL *s'est plaint*.

80. Quelles sont les exceptions ?

Excepté dans les phrases interrogatives ou exclamatives : *que dis-*JE ? *que fais-*TU ? *est-*IL *impertinent !* et dans ces expressions : *dit-*IL, *dit-*ELLE, *répondit-*IL, etc.

81. Où se placent les pronoms personnels employés comme compléments ?

Les pronoms personnels employés comme compléments se placent aussi avant le verbe : *je* LE *vois*, *tu* ME *reconnais*, *il* SE *repent*.

82. Quelle est l'exception ?

Excepté lorsque le verbe est à l'impératif : *prêtez-*MOI *l'un et l'autre une oreille attentive;* à moins que le sens soit négatif : *ne* ME *cachez rien, ne* LE *punissez pas.*

83. Lorsqu'un verbe à l'impératif a deux pronoms pour compléments, quel est celui qui se place le premier ?

Lorsqu'un verbe à l'impératif a deux pronoms pour compléments, le pronom complément direct se place le premier : *donnez-*LE-*lui, apportez-*LE-*moi.*

84. N'y a-t-il pas une exception ?

Excepté lorsque le complément indirect est le pronom *y* : *menez-y-*MOI, *attends-y-*TOI.

85. Dans quel cas l'adjectif qui se rapporte à *nous* et à *vous* reste-t-il au singulier ?

Lorsque *nous* et *vous* sont employés pour JE et TU, l'adjectif qui les qualifie se met au singulier : *nous sommes* IMPATIENT *de le voir; mon ami, serez-vous* SAGE *aujourd'hui?*

86. Quand le pronom *le* varie-t-il, et quand est-il invariable ?

Le pronom LE peut tenir la place d'un substantif ou d'un adjectif. S'il tient la place d'un substantif, il varie en genre et en nombre : *êtes-vous la malade ? — je* LA *suis;* mais s'il tient la place d'un adjectif, il reste invariable : *madame, êtes-vous malade ? — je* LE *suis.*

14ᵉ Exercice.

Corriger les fautes en invoquant les règles.

Je parlais? Tu viendras? Nous chanterons? Tu veux étudier? Nous
connaissons-le. Tu estime-la. Nous promenons-nous. Tu récompenses-
le. Il reconnaîtra-le. Les supportons. Les abandonnez. Donne-moi-le.
Raconte-nous-la. Vous dépêchez. Apprends-lui-le. Nous désolons-
nous. Vous empressez-vous. Ne corrigerez-vous pas le? Ne pressez
pas vous. Ne gêne pas te. Messieurs, êtes-vous les amis que nous atten-
dons?—Oui nous le sommes. Madame, êtes-vous fatiguée? — Je ne la
suis pas. Êtes-vous française?—Je ne la suis pas. Êtes-vous mariée?—Je
la suis. Êtes-vous les maîtres de cet établissement? — Oui, nous le sommes. Mesdames, êtes-vous les mères de ces enfants?—Nous ne le sommes pas? Ma sœur es-tu malade? — Je la suis. Mes enfants, serez-vous
obéissants? — Oui, nous les serons. Laissez-moi-la. Reprochez-leur-le.
Pardonnez-moi-le. Accoutume-toi-y.

PRONOMS DÉMONSTRATIFS.

**87. Quelle diffé-
rence y a-t-il en-
tre *ceci* et *cela*?**

Ceci a toujours rapport à ce qui suit,
et CELA à ce qui précède : CECI *est notre devoir, que nous nous aimions les uns les autres ; faites souvent de l'exercice, car* CELA
est nécessaire à la santé.

**88. Quelle diffé-
rence y a-t-il en-
tre *celui-ci*, *celle-
ci*, et *celui-là*,
celle-là?**

CELUI-CI, CELLE-CI désignent les êtres
ou les objets les plus rapprochés, ou ceux
dont on a parlé en dernier lieu ; CELUI-LA,
CELLE-LA désignent les êtres ou les objets
les plus éloignés, ou ceux dont on a parlé
en premier lieu : *Auguste et Louis ont un
caractère bien différent* : CELUI-CI (Louis) *est
toujours gai* ; CELUI-LA (Auguste) *est toujours
triste.*

PRONOMS POSSESSIFS.

**89. Pourquoi ne
peut-on pas com-
mencer une lettre
en disant : *j'ai
reçu la vôtre en
date du*, etc.?**

Les pronoms possessifs ne doivent pas
être employés lorsque le substantif dont
ils tiennent la place n'est pas exprimé
précédemment. Ainsi, il ne faut pas com-
mencer une lettre en disant : *J'ai reçu* LA
VÔTRE *en date du*, etc ; mais : *j'ai reçu votre
lettre*, etc.

| 9). Pourrait-on dire : *celle - ci est pour vous annoncer que*, etc. ? | On ne doit pas dire non plus : CELLE-CI est *pour vous annoncer que*, etc. Il faut dire: *celle lettre est pour vous annoncer que*, etc; car le mot *lettre*, dont *celle-ci* tient la place, n'est pas énoncé précédemment. |

15ᵉ Exercice.

Corriger les fautes en invoquant les règles.

Celle-ci est pour vous prévenir que je vous attends demain. J'ai reçu la vôtre du 15 courant. L'indifférence et l'intempérance sont nos plus grands ennemis : celle-ci de notre âme; celle-là de notre corps. Aimez votre père et votre mère ; car ceci est juste. Franklin disait cela : se coucher de bonne heure et se lever matin procure santé, fortune et sagesse. La mienne d'avant-hier était pour vous accuser réception de la vôtre du 31 du mois dernier. Le corps périt et l'âme est immortelle : cependant on néglige celle-là et tous les soins sont pour celui-ci. Le tailleur et le boulanger sont également utiles : celui-là nous nourrit, celui-ci nous habille. Cela est vrai dans tous les temps : en limant, on fait d'une poutre une aiguille. Les premiers chrétiens n'avaient qu'un cœur et qu'une âme : ceci devrait être encore aujourd'hui.

PRONOMS RELATIFS.

91. Quelle est la règle d'accord du pronom relatif?	Le pronom relatif s'accorde avec son antécédent en genre, en nombre et en personne : *moi* QUI SUIS ESTIMÉ, *toi* QUI ES CHÉRI, *elle* QUI EST ADORÉE, *nous* QUI SOMMES ESTIMÉS, *vous* QUI ÊTES CHÉRIS, *elles* QUI SONT ADORÉES.
92. Dans quel cas doit-on rapprocher le pronom relatif de son antécédent ?	On doit, lorsque cela est possible, rapprocher le pronom relatif de son antécédent, afin d'éviter toute équivoque. Ainsi, il ne faudrait pas dire : *on trouve un passage dans cet auteur* QUI *est admirable*; mais : *on trouve dans cet auteur un passage* QUI *est admirable*.
93. Que doit-on faire lorsque le pronom relatif ne peut être rapproché de son antécédent?	Lorsque *qui*, *que*, *dont* ne peuvent pas être rapprochés de leur antécédent, il faut les remplacer par *lequel*, *duquel*, *laquelle*, *de laquelle*. Au lieu de dire : *la mère de cet enfant* QUI *est estimée de tout le monde est venue me voir*, il faut dire : *la mère de cet enfant* LAQUELLE *est estimée*, etc.

94. Que savez-vous sur *qui*, précédé d'une préposition ?

Le pronom QUI, précédé d'une préposition, ne s'emploie que pour les personnes et les choses personnifiées : *voilà l'homme* A QUI *je dois la vie ; rochers* A QUI *je me plains.*

16ᵉ Exercice.

Tu dois mourir, toi qui est plein de santé. Il y a un mot dans cette page qui est illisible. Le devoir à l'accomplissement de qui je me consacre, me cause de vives jouissances. L'ouvrage à qui je travaille sera bientôt terminé. Tu ne me reconnais plus, toi qui fut mon ami. Il n'y a que moi qui s'intéresse à son sort. La vie est un pélérinage à qui nous sommes condamnés. Toi qui t'amuse sans cesse, tu n'apprendras rien. La miséricorde de Dieu, qui est infinie, assure votre pardon. La conduite de cet enfant, qui est admirable, lui a valu les plus grands éloges. La table sur qui j'écris a coûté fort cher. Le travail à qui je pense me préoccupe beaucoup. Le caractère de ton frère, dont je connais la douceur, me rassure.

PRONOMS INDÉFINIS.

95. Dans quel cas *on* devient-il féminin et pluriel ?

ON est masculin et singulier de sa nature ; mais il devient féminin lorsqu'il désigne spécialement une femme, et pluriel lorsqu'il désigne plusieurs personnes : *quand* ON *est* BELLES *et* BONNES *comme vous, mesdames,* ON *est* AIMÉES *de tout le monde.*

96. Quand remplace-t-on *on* par *l'on* ?

Après *et* , *si* , *ou* , on doit employer L'ON au lieu de ON : ET L'ON *veut* , SI L'ON *approuve* , OU L'ON *voudra.* A moins cependant que ON soit suivi de *le* , *la* , *les* : ET ON *le sait* , SI ON *la trouve* , OU ON *les verra.*

97. Quand est-ce que *personne* est pronom indéfini ?

PERSONNE est pronom indéfini ou substantif. Il est pronom et du masculin, lorsqu'il n'est précédé ni de l'article ni d'un adjectif déterminatif : PERSONNE *n'est venu* , PERSONNE *n'est heureux.*

98. Quand est-il substantif ?

PERSONNE est substantif lorsqu'il est précédé de l'article ou d'un adjectif déterminatif ; il est alors du féminin : LA PERSONNE LA PLUS IGNORANTE *est* CELLE *qui croit tout savoir.*

17e Exercice.

Corriger les fautes en invoquant les règles.

On est indulgent quand on est mère. L'on nous avait promis protection et on nous abandonne. Si on veut obtenir, il faut demander. Travaillez, mes amis, ou on vous punira. Si l'on l'attendait, pourquoi est-
on surpris de le voir. Ces dames disaient : on n'est pas heureux quand
on n'a point d'enfants. Personne n'est plus instruite que ta sœur. Les
personnes malades sont presque toujours impatient. Personne n'est
admise sans autorisation. On est content quand on s'aime. Quand on
est marié, disait une femme, on n'est pas maître de ses actions. Croyez-
vous que l'on vous admette aujourd'hui, si on vous a refusé hier ? L'on
vous aime et on vous admire, et on ne vous imite pas. Personne n'est
content de son état.

CHAPITRE V.

DU VERBE.

ACCORD DU VERBE AVEC SON SUJET.

99. Comment s'accorde le verbe ?

Le verbe s'accorde avec son sujet en nombre et en personne : *je* TRAVAILLE, *tu* ÉCOUTES, *il se* RÉJOUIT, *l'enfant* PLEURE, *les fleurs* PLAISENT.

100. Comment s'accorde le verbe lorsque le sujet se compose de plusieurs substantifs ou de plusieurs pronoms ?

Si le sujet se compose de plusieurs substantifs ou de plusieurs pronoms, le verbe se met au pluriel, et s'accorde avec la personne qui a la priorité : *mon frère et ma sœur* SONT *partis*; *Paul et moi* PARLERONS; *toi et ton père* VIENDREZ *nous voir.*

101. Dans quels cas le verbe qui a plusieurs sujets s'accorde-t-il avec le dernier ?

Le verbe qui a plusieurs sujets s'accorde avec le dernier :

1° Lorsque ces sujets sont synonymes : *sa douceur, sa bonté nous* ENCHANTE;

2° Lorsqu'ils sont placés par gradation : *l'intérêt, le devoir le* COMMANDE;

3° Lorsqu'ils sont unis par la conjonc-tion *ou* : *un volant ou une boule lui* SUFFIT;

4° Lorsque le dernier résume tous ceux qui précèdent : *un souffle, une ombre, un rien, tout lui* DONNAIT *la fièvre.*

102. Comment s'accorde le verbe lorsque les sujets sont unis par une des conjonctions *comme, ainsi que,* etc.?

Lorsque les sujets sont unis par une des conjonctions *comme, ainsi que, aussi bien que, etc.,* le verbe s'accorde avec le premier ; car le second est le sujet d'un verbe sous-entendu : *la vérité comme la lumière* EST *inaltérable ; la nourriture ainsi que le vêtement nous* VIENT *de Dieu.*

103. Dans quel cas les sujets unis par *ni*, exigent-ils le verbe au singulier?

Lorsque les sujets sont unis par la conjonction *ni,* et qu'un seul de ces sujets peut être dans l'état ou faire l'action marquée par le verbe, ce verbe reste au singulier : *ni Paul ni Joseph n'*AURA *le prix de bonne conduite.*

104. Comment s'accorde le verbe qui a pour sujet un collectif?

Le verbe qui a pour sujet un *collectif,* s'accorde avec ce collectif, s'il est *général,* et avec le substantif qui suit, si le collectif est *partitif : la foule des curieux* ENVAHIT *cette église; une foule de pauvres* AS-SIÉGÈRENT *son hôtel.*

105. Dans quel cas le verbe *être* précédé de *ce,* se met-il au pluriel?

Le verbe *être,* précédé de *ce,* se met au pluriel lorsqu'il est suivi d'une troisième personne du pluriel : *ce* SONT *les hommes que j'ai vus ; ce* SONT *elles qui ont fait cela.*

18ᵉ Exercice.

Corriger les fautes en invoquant les règles.

Je connait mes devoirs. Tu devrait travailler avec plus de soin. Il veux se corriger ; mais il ne le fais pas. Nous entendont les heures. Je chantes. Tu court. Il parais. Nous le connaissont. Il s'amusais avec ardeur. Nous nous réjouîmes. Il s'engageat. Je me perdit. J'avait faim. Tu est malade. Ils paraisse. Nous entreprenont. Il fallais qu'il arrivas. Je désires que tu apprenne. Il nous donnat à manger. Je suit désolé. J'écrivit une lettre. Je reçoit un paquet. Nous l'aimont beaucoup. Tout me réussis. Les enfants devrait travailler ; mais ils préfère s'amuser. Les chiens aboie et les chats miaule. Tu chante faux. Il se rejouissais beaucoup trop.

19ᵉ Exercice.

Corriger les fautes en invoquant les règles.

Dieu bénis les enfants sages. Vous et moi êtes satisfaits. Ni l'or ni la grandeur ne nous rend heureux. Les flatteurs trompe ceux qui les

écoute. Pénélope et moi, j'ai perdu l'espoir de revoir Ulysse. Les cieux
publie la gloire de Dieu. Les rosées rafraîchisse la terre. Vous et lui
est mécontent. Toutes ses démarches n'aboutit à rien. Jules et vous
sera puni. Conduit-toi bien et tu sera estimé. On n'aiment pas les re-
proches. Le bonheur des justes n'auront point de fin. Le naufrage et
la mort est moins funeste que les plaisirs qui attaque la vertu. Nous
aimont les élèves qui s'applique. Vous et votre frère ira au collége.
Les Gaulois était d'une haute taille ; ils avait la peau blanche et portait
les cheveux longs. Les bons soldats doive mourir à leur poste.

20ᶜ Exercice.

Corriger les fautes en invoquant les règles.

Quand le luxe s'introduisis à Rome, les mœurs se relâchère. Les
folies des autres devrait servir à nous rendre sages. Les dépenses
excessives conduise à l'hôpital. Ceux qui écoute aux portes entende
rarement leur éloge. La prudence, la circonspection sont indispen-
sables dans les affaires. Les désirs de ses parents, son intérêt personnel,
son devoir lui commandaient d'agir. Les femmes, les vieillards, les
enfants tout furent massacrés. C'est eux qui nous donne des leçons. Une
foule de nymphes suivait Calypso. La multitude des étoiles confondent
notre imagination. Sa vertu, sa sagesse, le font estimer de tous ceux
qui le connaisse. La santé, l'avenir, la religion nous ordonnent d'être
sobres. Les troupes de l'ennemi fut taillé en pièces.

21ᶜ Exercice.

Corriger les fautes en invoquant les règles.

Une troupe d'assassins répand la terreur dans tout le pays. L'enfer
comme le ciel prouvent un Dieu juste et bon. La géométrie ainsi que
l'arithmétique sont utile. La crainte de même que l'espérance troublent
notre cœur. Ton cousin et son frère est venus nous voir. Une nuée
de sauterelles ravagea la terre. Plus de la moitié des enfants meurent
avant d'avoir atteint la vingtième année. C'est mes enfants qui m'at-
tende. Avec du temps et de la patience on surmontent bien des obstacles. Une troupe de nymphes nageait derrière le char. La moitié des
voyageurs périrent de faim. Une multitude de vices nous dégrade.
Une foule d'hommes s'enrichit par l'agriculture. Ni l'un ni l'autre ne
seront nommés ambassadeurs à Madrid.

22ᵉ Exercice.

Corriger les fautes en invoquant les règles.

L'un et l'autre, je crois, a le cerveau troublé. Le soleil ni la mort ne peut se regarder fixement. Femmes, moines, vieillards, tout étaient descendus : l'attelage suaient, soufflaient, étaient rendus. L'homme n'est qu'un roseau ; une vapeur, un grain de sable suffisent pour le tuer. Le ciel, tout l'univers sont pleins de ses aïeux. L'hirondelle et le rossignol annonce le retour du printemps. Patience et longueur de temps fait plus que force et que rage. Ce n'est pas les louanges que tu recherche. Mon fils et moi a été vous voir. Es-ce toi qui écrit si bien ? C'est moi qui l'a reconnu. C'est nous souvent qui faisont nos malheurs. Vous êtes des enfants qui ne savent jamais leurs leçons. Narbal et moi admira la bonté des dieux qui récompensait notre sincérité. Heureux ceux qui se divertissent en s'instruisant, et qui se plaise à cultiver leur esprit par les sciences !

COMPLÉMENT DES VERBES.

106. Quel complément doit-on donner à chaque verbe ?

Il faut donner à chaque verbe le complément qui lui convient : c'est-à-dire un complément direct à celui qui veut un complément direct, et un complément indirect à celui qui veut un complément indirect.

107. Peut-on dire : *j'étudie à la géographie, je ne nuis personne* ?

Ne dites donc pas : *j'étudie à la géographie, je ne nuis personne* ; car *étudier* veut un complément direct, et *nuire*, un complément indirect. Mais dites : *j'étudie la géographie, je ne nuis à personne.*

108. Deux verbes peuvent-ils toujours avoir un complément commun ?

Deux verbes ne peuvent avoir un complément commun lorsqu'ils exigent des compléments de différente nature. Ainsi, il ne faut pas dire : *il attaqua et s'empara de la ville* ; car *attaquer* veut un complément direct, et *s'emparer*, un complément indirect. Mais il faut dire : *il attaqua la ville et s'en empara.*

109. Par quels mots doivent être exprimés les compléments unis par *et, ou, ni* ?

Lorsqu'un verbe a plusieurs compléments unis par *et, ou, ni*, il faut que les compléments soient des mots de même nature : *il aime le jeu et l'étude*, au lieu de : *il aime le jeu et à étudier.*

8

110. Quand un verbe a deux compléments quel est celui qui doit être énoncé le premier ?

Lorsqu'un verbe a un complément direct et un complément indirect, le plus court doit être énoncé le premier : *aimez* DIEU *de tout votre cœur ; placez* SUR LA TABLE *le livre que vous avez lu.*

111. Et si les compléments sont d'égale longueur ?

Si les compléments étaient d'égale longueur, le complément direct devrait s'énoncer le premier : *vous étudierez* VOTRE LEÇON *avec soin.*

23ᵉ Exercice.

Corriger les fautes en invoquant les règles.

Nous nous devons pardonner les uns les autres. On doit **aimer** et **obéir** à ses maîtres. Aimez et faites du bien à tout le monde. Nos soldats assiégèrent et entrèrent dans la ville. Il aime le jeu et à rire. Tu sais connaître et tirer parti de tes avantages. Les sauvages se nuisent les uns les autres par des guerres continuelles. On n'aime guère à voir et à parler de ses ennemis. Cet enfant ne se plaît qu'au jeu ou à se promener. Il chante les couplets que tu lui as appris à chaque instant. On doit préférer une vie tranquille et douce à la fortune. Napoléon battit les Autrichiens à Marengo. Cet élève apprend avec facilité ses leçons. Les doux zéphirs conservaient une délicieuse fraîcheur en ce lieu. Une noire tempête déroba à nos yeux le ciel. Ils brûlent dans le premier emportement notre vaisseau. Mon plaisir est de secourir la probité sans tâche et la vertu.

EMPLOI DES TEMPS DE L'INDICATIF ET DU CONDITIONNEL.

112. Dans quel cas emploie-t-on le présent à la place du passé ?

On emploie le *présent* à la place du *passé* quand on veut donner plus de vivacité à l'expression : *on* CHERCHE *Vatel*, *on* COURT *à sa chambre*, *on* ENFONCE *sa porte*, *on le* TROUVE *noyé dans son sang.*

113. Peut-on employer l'imparfait pour exprimer une action qui a eu lieu au moment de la parole, ou qui est vraie dans tous les temps ?

On ne doit pas employer l'*imparfait* pour exprimer un état ou une action qui a lieu au moment de la parole, ou qui est vraie dans tous les temps : *j'ai appris que votre cousin* TRAVAILLAIT *beaucoup cette année ; Thalès disait que la chose la plus forte* ÉTAIT *la nécessité.* Il faut dire : *j'ai appris que votre cousin* TRAVAILLE *beaucoup*, etc ; *Thalès disait que la chose la plus forte* EST *la nécessité.*

114. Dans quel cas emploie-t-on le passé défini?

Le *passé défini* ne s'emploie que pour exprimer un état ou une action qui a eu lieu dans une période de temps complètement écoulée. Il ne faut donc pas dire : *j*'ÉCRIVIS *ce matin, je* RÉPONDIS *cette semaine ;* mais : *j*'AI ÉCRIT *ce matin*, *j*'AI RÉPONDU *cette semaine.*

115. Quand emploie-t-on le passé indéfini ?

Le *passé indéfini* s'emploie indifféremment pour un temps passé complètement écoulé, ou non complètement écoulé. On dira donc : *j*'AI LU *hier*, *j*'AI LU *ce matin ;* *j*'AI VU *votre frère hier*, *je l*'AI *encore* VU *ce matin.*

116. Peut-on employer le passé indéfini pour le plus-que-parfait ?

On ne doit pas employer le *passé indéfini* pour le *plus-que-parfait.* Ce serait donc une faute de dire : *j'ai appris que vous* AVEZ REÇU *des nouvelles intéressantes ;* car l'action de *recevoir* est antérieure à celle d'*apprendre*, ce qui ne peut s'exprimer que par le plus-que-parfait. Il faut dire : *j'ai appris que* VOUS AVIEZ *reçu*, etc.

117. Est-il permis d'employer le conditionnel au lieu du futur ?

Il n'est pas permis d'employer le *conditionnel* à la place du *futur.* Ne dites donc pas : *j'ai appris que vous* IRIEZ *aux eaux cette année ;* mais : *j'ai appris que* VOUS IREZ *aux eaux*, etc.

24° Exercice.

Corriger les fautes en invoquant les règles.

Mentor montra dans ses yeux une audace qui étonna les plus fiers combattants. Il prit un bouclier, un casque, une épée, une lance, il rangea les soldats d'Aceste, il marcha à leur tête et s'avança en bon ordre vers les ennemis. Tous les philosophes ont convenu que l'avenir des états dépendait de la bonne éducation de la jeunesse. On a cru pendant longtemps que la terre est plate. J'ai souvent ouï dire qu'il y avait plus de sûreté à écouter et à recevoir des conseils, qu'à en donner. Un ancien disait que l'instruction la plus haute et la plus utile était de se connaître et de se mépriser. Je fis ce matin ma tâche accoutumée. Tu courus hier toute la matinée. J'ai appris avec beaucoup de plaisir que vous avez réussi. Vous m'avez écrit que vous viendriez me voir. Titus disait lorsqu'il avait passé un jour sans faire une bonne action : mes amis, je perdis ma journée. Je n'ai su que ce matin que vous avez perdu votre père. On m'a dit que vous étiez bien sage maintenant. Paul m'a dit que vous me demandiez.

EMPLOI DU SUBJONCTIF.

118. Quelle différence y a - t - il entre l'indicatif et le subjonctif ?

L'*indicatif* exprime l'état ou l'action comme certaine, positive ; le *subjonctif*, au contraire, l'exprime comme douteuse, incertaine.

119. Quels sont les divers cas dans les quels on emploie le mode subjonctif ?

Il en résulte que le subjonctif s'emploie :

1° Après les verbes qui marquent la volonté, le désir, la crainte, le commandement, etc. : *je veux, je désire, j'exige* QUE TU TRAVAILLES.

2° Après une négation ou une interrogation : *je ne pense pas, croyez - vous* QU'IL VIENNE.

3° Après un verbe impersonnel : *il faut, il importe* QUE NOUS PARTIONS.

4° Après *quelque.... que, quelque, qui que, quoi que, quoique* : *quelque puissant que vous* SOYEZ, *qui que ce* SOIT, *quoi qu'il* FASSE, etc.

5° Après *afin que, à moins que, avant que, bien que, de crainte que,* etc. : *travaille afin que ton père* SOIT *satisfait ; étudiez avant que l'heure* SONNE.

Correspondance des temps du subjonctif avec ceux de l'indicatif.

120. Qu'est - ce qui détermine l'emploi des temps du subjonctif ?

L'emploi des temps du subjonctif est déterminé par le temps du verbe sous la dépendance duquel il se trouve placé.

121. Quels sont les temps que l'on emploie après le présent et le futur de l'indicatif ?

Après le présent et le futur de l'indicatif, on emploie le *présent* ou le *passé* du subjonctif : le présent pour marquer un temps présent, et le passé pour marquer un temps passé : *il faut, il faudra,* QUE TU VIENNES, ou : *il faut, il faudra* QUE TU SOIS VENU.

122. Quels sont ceux que l'on emploie après les passés et les conditionnels ?

Après les passés de l'indicatif et les conditionnels, on emploie l'*imparfait* et le *plus-que-parfait* du subjonctif : l'imparfait, pour exprimer un présent ou un futur, et le plus - que - parfait, pour exprimer un passé : *il fallait, il a fallu, il faudrait, il aurait fallu, il eût fallu,* QUE VOUS VINSSIEZ ou : QUE VOUS FUSSIEZ VENU.

25ᵉ Exercice.

Corriger les fautes en invoquant les règles.

Il faut que nous travaillons pour vivre. Je souhaite que tu réussis. Il importe que vous comprenez vos devoirs. Je ne crois pas qu'il m'a attendu. Faudra-t-il que nous succombons à vos peines? Il semble qu'il a tort. Quelque habiles que sont vos ouvriers, ils ne pourront terminer aujourd'hui ce travail. Tel que vous me voyez, j'ai toujours été. Bien qu'il est notre ami, nous ne pouvons l'absoudre. Pensez-vous que mon fils est couronné? Avez-vous dit à votre frère qu'il vient? Est-il résulté des rapports qui ont été lus qu'il a trempé dans cette conjuration? Que voulez-vous qu'il fasse contre trois? — Qu'il meure! Prépare-toi avec soin afin que tu n'es pas renvoyé une seconde fois. Il fallait qu'il s'occupe. Nous avions désiré qu'il vienne. Il importe qu'il s'occupât. Il est nécessaire qu'il travaillât. Il convenait qu'il se prépare. Il faudra que tu eusses fini avant que nous arrivons. Croyez-vous qu'il réussit? Notre maître exige que nous nous occupassions. Quels que fussent les humains, il faut vivre avec eux. Qui que vous fussiez, vous serez condamné, si vous êtes coupable. Il eût voulu que vous soyez reçu. Il faut absolument que ce travail fût fait à cinq heures. Quoi que tu disses, on ne te croira pas. Un menteur n'est jamais écouté quoi-qu'il dit la vérité.

CHAPITRE VI.

DU PARTICIPE.

PARTICIPE PRÉSENT.

123. Avec quoi ne faut-il pas confondre le participe présent?

Il ne faut pas confondre le *participe présent* avec certains adjectifs terminés par *ant*, qui dérivent des verbes et qu'on appelle, pour cette raison, *adjectifs verbaux.*

124. Que marque le participe présent?

Le *participe présent* marque une action, et il est toujours invariable : *voilà une personne* OBLIGEANT *tout le monde.*

125. Que marque l'adjectif verbal ?

L'*adjectif verbal*, au contraire, marque l'état, la qualité, la manière d'être, et il s'accorde en genre et en nombre avec le mot qu'il qualifie : *c'est une personne très-*OBLIGEANTE.

126. Dans quels cas un mot terminé par *ant* est-il toujours participe présent ?

Un mot terminé par *ant* est toujours *participe présent* lorsqu'il a un complément direct, ou qu'il est précédé de la préposition en, ou d'une négation : *les marteaux* FRAPPANT *l'enclume*, *ces enfants me regardaient en* SOURIANT, *ces élèves n'*OBÉISSANT *jamais devraient être punis sévèrement.*

127. Dans quels cas un mot terminé par *ant* est-il toujours adjectif verbal ?

Un mot terminé par *ant* est toujours *adjectif verbal* lorsqu'il est accompagné d'un adjectif qualificatif, ou qu'il peut être remplacé par un adjectif qualificatif : *ces enfants sont laborieux et* INTÉRESSANTS ; *ces personnes sont* CHARMANTES (aimables).

26ᵉ Exercice.

Corriger les fautes en invoquant les règles.

On arrêta toutes les personnes voyageantes de nuit et portants des armes. Les enfants négligeant n'obtiennent aucun succès. Les personnes bonnes et aimant ont plus de jouissances que les autres. Ces élèves négligents leurs devoirs ne font aucun progrès. C'est par une conduite obligeant et accommodant, qu'on se fait aimer de tout le monde. Ces affreux désastres sont encore vivant dans nos souvenirs. Il court des bruits alarmant. C'est une nouvelle désespérant. Il est pénible de voir des hommes souffrants la fin et de ne pouvoir les secourir. Ces malades sont très-souffrant depuis quelques jours. On a toujours du plaisir à voir de charmant petits garçons s'amusants sans se quereller. Les bœufs mugissant et les brebis bêlant venaient en foule, quittants les gras pâturages et ne pouvants trouver assez d'étables pour être mis à couvert. Voilà une ville obéissant, heureuse, agissant, tranquille. C'est une femme d'un naturel doux, jamais ne grondant, ne contredisant, ne désobligeant personne. L'avarice perd tout en voulant tout gagner. On ne voyait de tous côtés que des femmes tremblant, des vieillards courbés, de petits enfants pleurants à grands cris et se retirants dans la ville. Les barbares espérants nous surprendre furent eux-mêmes surpris et déconcertés.

PARTICIPE PASSÉ.

Participe passé employé sans auxiliaire.

128. Comment s'accorde le participe passé employé sans auxiliaire ?

Le *participe passé* employé sans auxiliaire s'accorde, comme l'adjectif, en genre et en nombre avec le mot qu'il qualifie : *une femme* CHÉRIE, *des enfants* AIMÉS, *des brebis* PERDUES, ÉGARÉES.

129. Quelles sont les exceptions ?

Excepté les participes *vu*, *excepté*, *supposé*, *ouï*, *passé*, *attendu*, *compris*, *approuvé*, qui restent invariables lorsqu'ils précèdent le substantif : VU *les articles*, EXCEPTÉ *la vertu*, *ouï les témoins*, etc.

Participe passé employé avec l'auxiliaire être.

130. Comment s'accorde le participe passé précédé de l'auxiliaire être ?

Le *participe passé* précédé de l'auxiliaire *être* s'accorde toujours avec le sujet de ce verbe : *cette maison est bien* BÂTIE, *ces hommes sont* VENUS, *ces femmes sont* PARTIES, *ici fut* PLANTÉE *une croix.*

Participe passé employé avec l'auxiliaire avoir.

31. Comment s'écrit le participe passé conjugué avec l'auxiliaire avoir, lorsqu'il n'a point de complément direct ?

Le participe passé conjugué avec l'auxiliaire *avoir* est toujours invariable lorsqu'il n'a point de complément direct : *nous avons* CHANTÉ, *vous avez* COURU, *ils ont* SUCCOMBÉ.

132. Comment s'écrit le participe passé employé avec avoir lorsque son complément direct est après lui ?

Le participe passé conjugué avec l'auxiliaire *avoir* est également invariable lorsque son complément direct est placé après lui : *j'ai lu une page : j'ai* ACHETÉ *des livres*, *j'ai* TAILLÉ *une plume*, *nous avons* RÉCOMPENSÉ *des élèves.*

133. Quand et avec quel mot le participe passé employé avec l'auxiliaire avoir, s'accorde-t-il ?

Le *participe passé* employé avec l'auxiliaire *avoir* s'accorde avec son complément direct, lorsque ce complément direct le précède : *la page que j'ai* LUE ; *les livres que j'ai* ACHETÉS.

5

27ᵉ Exercice.

Corriger les fautes en invoquant les règles.

Une maison démoli. Des remparts renversé. Des femmes désolé. Une ville perdu. Une bataille gagné. Des amis contrarié. Des élèves récompensé ou puni. Des éloges prodigué. Exceptée la vertu. Vus les renseignements recueilli. Supposées ces personnes coupables. Cette place est assiégé. Les ennemis ont été battu. Là fut enseveli sa mère. Ouïes les dépositions des témoins. Passée l'heure indiqué. Des enfants instruit. Des parents satisfait. Des victoires remporté. Des travaux suspendu. Les flambeaux sont éteint. Les ennemis furent vaincu et poursuivi. Les devoirs seront corrigé. Vos plumes ont été renouvelé. Vos cahiers sont bien tenu. Des personnes fatigué. Des murs noirci ou barbouillé. Des villes conquis et renversé. Une leçon compris et récité. Ces messieurs ont été accueilli avec cordialité. Ici seront confondu les rangs. Ces dames ont été admis dans la plus haute société. Nous avons été journellement inquiété. Ils ont été appelé à remplir des fonctions convoité. Les leçons sont interrompu. Des marchandises acheté et vendu. Des villes détruite et rebâti. Des enfants effrayé. Des prières exaucé. Une ardeur déployé. Une dette payé. Une opinion combattu. Une proposition déplacé. Là furent répandu des larmes amères. Ici furent engagé de grands combats. La maison de Pindare fut épargné. Ces orateurs ont été goûté et applaudi. Nous étions accablé de tristesse. Il racontait les choses passé. Des feuilles imprimé. Des malades guéri. Ces plaisirs ont été acheté par trop de fatigues.

28ᵉ Exercice.

Corriger les fautes en invoquant les règles.

Ils ont entendus. Nous avons écoutés. Vous avez ris. Mes cheveux ont blanchis. Vos sœurs ont chantées. Nous aurions plus. Vous auriez dormis. Ils auraient fuis. Elles auront terminées. Elles ont disparues. Nous aurons dînés. Ils ont suppliés. Vous avez renoncés. Elles ont souries. J'ai écrit une lettre. Tu as apprise ta leçon. Il a finie sa page. Nous avons lus vos ouvrages. Vous avez obtenus des éloges. Il a parcourues les cinq parties du monde. Elles ont étudiées la grammaire. Paul a donné de ses nouvelles. Nous avons vendus nos marchandises. Il a déployée une activité extraordinaire. Nous avons cotoyés les rivages

de la fertile Égypte. Elles ont survécus à ces désastres. Il m'a donné de
bons conseils. Nous avons aperçus vos cousins. Ces paroles ont pénétrées
jusqu'au fond de mon cœur. Voici la maison que j'ai acheté. Voilà
les champs que j'ai vendu. J'ai apprise cette fable et je l'ai bien récité.
Nous vous avons attendu longtemps. Nous les aurions aperçu. Nous
avons étudiées les romances que vous avez chanté hier. Mesdemoiselles,
les devoirs que vous avez fait sont illisibles. Les livres que vous nous
avez vendu nous les avons payé bien cher. Que de fatigues n'ai-je pas
essuyé ! Quelle peine m'as-tu épargné ? Mes enfants, nous vous avons
toujours tendrement aimé, et, cependant, combien de larmes n'avons-
nous pas versé ! Quels obstacles n'avez-vous pas surmonté ! Voici la
plume que j'ai taillé. Ces élèves ont bien faits leurs devoirs, aussi les
avons-nous récompensé. Messieurs, vous avez voulus vous cacher, mais
nous vous avons reconnu au milieu de la foule dont vous étiez environ-
né. Quelle impression pénible n'ai-je pas éprouvé! Que de chagrins ne
m'as-tu pas causé ! Combien de dépenses n'ai-je pas fait !

DIFFICULTÉS D'APPLICATION.

Première remarque.

134. Quelle est la règle d'accord du participe passé des verbes pronominaux ?

Le participe passé des *verbes pronominaux* suit les mêmes règles que le participe conjugué avec l'auxiliaire *avoir :* il est invariable s'il n'a pas de complément direct ou si ce complément direct est après lui , et il s'accorde si le complément direct le précède : *les fleurs se sont* SUCCÉDÉ *; ils se sont* ADRESSÉ *des compliments ; elles se sont* FLATTÉES *de réussir.*

Deuxième remarque.

135. Le participe passé des verbes impersonnels varie-t-il quelquefois ?

Le participe passé des *verbes impersonnels* est toujours invariable ; car ces verbes n'ont jamais de complément direct : *il est* SURVENU *de grandes calamités ; il s'est* TROUVÉ *beaucoup de gens désœuvrés ; les mauvaises saisons qu'il y a* EU*; les grands orages qu'il a* FAIT*.*

Troisième remarque.

136. Pourquoi le participe passé des verbes intransitifs, conjugués avec *avoir*, est-il toujours invariable ?

Le participe passé des *verbes intransitifs* conjugués avec l'auxiliaire *avoir* est toujours invariable ; car ces verbes ne sauraient avoir de complément direct. On écrira donc : *les années qu'il a* VÉCU , *les heures qu'il a* DORMI ; car c'est comme si l'on disait : *les années* PENDANT LESQUELLES *il a vécu* ; *les heures* PENDANT LESQUELLES *il a dormi.*

Quatrième remarque.

137. Le participe passé suivi d'un infinitif est-il toujours invariable ?

Le participe passé suivi d'un *infinitif* s'accorde, s'il a pour complément direct le pronom qui précède ; mais il reste invariable, s'il a pour complément cet infinitif : *la personne que j'ai* ENTENDUE *lire* ; *la lettre que j'ai* ENTENDU *lire.*

138. Comment reconnaît-on que le participe suivi d'un infinitif a pour complément le pronom qui précède ?

On reconnaît que le participe a pour complément direct le pronom qui précède, si l'infinitif peut se changer en participe présent. On peut dire : *la personne que j'ai entendue* LISANT : donc le participe s'accorde. Mais on ne pourrait pas dire : *la lettre que j'ai entendu* LISANT : le participe doit être invariable.

139. Quel est le participe passé qui reste toujours invariable lorsqu'il est suivi d'un infinitif ?

Il faut excepter de cette règle le participe *fait*, qui est toujours invariable lorsqu'il est suivi d'un infinitif ; car il forme avec cet infinitif une expression indivisible : *la robe que j'ai* FAIT *faire* ; *les leçons que j'ai* FAIT *réciter* ; *les enfants que j'ai* FAIT *écrire.*

Cinquième remarque.

140. Le participe passé suivi d'un adjectif ou d'un autre participe est-il susceptible de s'accorder ?

Le participe passé suivi d'un *adjectif* ou d'un *participe* s'accorde toujours avec son complément direct, si ce complément direct le précède : *vous vous êtes* FAITE *belle aujourd'hui* ; *votre sœur s'est* TROUVÉE *indisposée* ; *nous l'avons* CRUE *guérie.*

Sixième remarque.

141. Le participe qui a pour complément direct *le*, équivalant à un nombre de phrase, varie-t-il quelquefois ?

Le participe passé qui a pour complément direct *le*, représentant un membre de phrase, et équivalant à *cela*, reste au masculin singulier : *cette découverte est plus importante que je ne L'avais* PENSÉ ; c'est-à-dire : *que je n'avais pensé* CELA , qu'elle était importante.

Septième remarque.

142. Que savez-vous sur le participe passé précédé du pronom *en* ?

Le participe passé précédé du pronom *en*, signifiant *de cela*, est invariable s'il n'a pas de complément direct : *nous en avons* MANGÉ, *vous en avez* CUEILLI. Mais il s'accorde si le complément direct le précède : *nous les en avons* REMERCIÉS ; *tu les en as* BLAMÉS.

Huitième remarque.

143. Le participe passé placé entre deux *que*, est-il toujours invariable comme le disent quelques grammairiens ?

Le participe passé, placé entre deux *que*, s'accorde, si le premier *que* est le complément du participe; mais il reste invariable, si ce *que* est complément du verbe qui suit. On écrira donc avec accord ; *les personnes que j'ai* PRÉVENUES *que vous étiez arrivé* ; *les enfants que j'ai* PERSUADÉS *qu'il faut travailler.* Mais on écrira sans accord: *les difficultés que j'ai* PRÉVU *que vous rencontreriez ; les ouvrages que j'ai* CRU *que vous liriez avec plaisir* ; car le *que*, qui précède le participe , est le complément direct du verbe qui suit.

Neuvième remarque.

144. Que savez-vous sur l'accord du participe passé précédé de *le peu* ?

Le participe passé , précédé de *le peu* , s'accorde avec le substantif qui suit, si *le peu* signifie *une petite quantité* ; mais il reste invariable, si *le peu* signifie *le manque* : *le peu d'affection que vous lui avez* TÉMOIGNÉE *lui a rendu le courage ; le peu d'affection que vous lui avez* TÉMOIGNÉ *l'a découragé.* (N. et C.)

145. Comment reconnaît-on mécaniquement que le participe précédé de *le peu* doit s'accorder ?

On reconnait que le participe précédé de *le peu*, est variable lorsque le sens permet de supprimer *le peu*. En effet, on pourrait dire : *l'affection que vous lui avez témoignée lui a rendu le courage* ; mais on ne pourrait pas dire : *l'affection que vous lui avez témoignée l'a découragé.*

Dixième remarque.

146. Comment s'écrit le participe lorsqu'il a pour complément un substantif précédé de *un de*, *un des*, *une de*, *une des*?

Lorsque le participe passé a pour complément un substantif précédé de *un de*, *un des*, *une de*, *une des*, il reste au singulier, s'il y a unité dans l'idée ; mais il se met au pluriel, dans le cas contraire. C'est ainsi qu'on écrira : *c'est* un des *meilleurs avocats qu'il a* CONSULTÉ (s'il n'en a consulté qu'un seul) ; *c'est* un des *meilleurs avocats qu'il a* CONSULTÉS (s'il en a consulté plusieurs).

29ᵉ Exercice.

Corriger les fautes en invoquant les régles.

Nous nous sommes promené. Mesdames, vous vous êtes flatté. Il est arrivé de grands malheurs. Les grandes pluies qu'il a faites ont occasionnées des inondations. Mes enfants, vous vous êtes repenti de la mauvaise action que vous avez faits. Elle s'est blessó avec les ciseaux que vous lui avez acheté. Les chaleurs qu'il a faites cette année ont diminuées considérablement la récolte que nous avions espérés. Que de peines n'a-t-il pas fallues pour arriver aux magnifiques résultats que vous avez obtenu. Ils se sont déclarés une guerre acharnée. Elle s'est accoutumé au travail que vous lui avez imposée. Nous nous sommes opposé à l'accomplissement des mauvais desseins qu'ils avaient conçu. Nous leur avons opposées des raisons qu'ils ont goûté. Vous vous êtes exposé aux souffrances que nous vous avions annoncé et que vous auriez évité, si vous aviez suivis les conseils que nous vous avons donné. Les mauvais temps qu'il y a eus nous ont beaucoup contrarié. Vous vous êtes ris des malheurs qui nous ont accablé et des pertes que nous avons subi. Elles se sont suffies à elles-mêmes pendant les vingt année qu'elles ont vécues après la perte de l'immense fortune dont elle avait jouies.

30e Exercice.

Corriger les fautes en invoquant les règles.

Les acteurs que j'ai vu jouer ont été fort applaudi. La chanson que j'ai entendue chanter m'a plue médiocrement. Les liqueurs que je les ai vu se verser n'étaient pas les mêmes que celles que je leur ai vu vous offrir. La faute que vous avez commis est le résultat des mauvaises habitudes qu'on vous a laissé prendre. Nous avons toujours aimés les lieux qui nous ont vu naître; en sorte que nous les avons revu avec le plus grand plaisir. Les candidats que j'ai entendus interroger avaient étudiées leurs matières avec le plus grand soin ; aussi ai - je eue beaucoup de satisfaction quand je les ai vus déclarer admissibles aux emplois qu'ils avaient demandé. Les élèves que j'ai vus couronner sont les mêmes que ceux que j'avais entendu réciter ; ceux qui n'ont pas obtenus les prix sur lesquels ils avaient comptés s'étaient relâché depuis quelques mois. La vigne que j'ai faite planter a produite cette année beaucoup de raisins. Toutes les marchandises que j'ai faites venir de Paris ont été vendu avec une facilité que je n'avais pas espérée rencontrer. La lettre que j'avais faite écrire n'a pas produite les résultats que je m'étais proposé.

31e Exercice.

Corriger les fautes en invoquant les règles.

Ma sœur, nous l'avons cru malade ; car nous n'avons pas reçue la lettre que tu nous as écrit et qui s'est égaré par la négligence de la personne à qui tu l'avais confié. Cette protection tant désiré et que l'on vous avait si généreusement accordé , vous l'avez rendu inutile par votre maladresse et votre imprudence. Vous vous êtes conduit, messieurs, dans l'occasion qui s'est offert de montrer les talents que vous avez prétendu posséder , avec une habileté beaucoup plus grande que nous l'aurions supposée. Cette étude offre beaucoup plus de difficultés que je ne me l'étais figurées. Cette personne n'est pas aussi adroite que je l'aurais crue. J'ai reçues beaucoup de lettres ; mais j'en ai encore plus écrites. Vous avez plus de livres que je n'en ai lus pendant les dix années que j'ai passé à Paris où j'ai vues toutes les bibliothèques et fréquentés tous les cabinets de lecture. Les craintes que nous en avions conçu se sont trop vérifié. Les échantillons que nous en avons reçu nous en ont donnée une idée avantageuse. Tout le monde m'a offerts des services et personne ne m'en a rendus.

82ᵉ Exercice.

Corriger les fautes en invoquant les règles.

Les démarches que vous avez voulu que je fisse n'ont pas réussies. Le peu d'amitié que vous lui avez témoignée l'a complètement découragé. Le peu d'instruction que vous avez acquise vous sera très-utile pour remplir les fonctions qui vous ont été confié. Le peu de fortune que son père lui a laissé a été bientôt dissipée. La disgrâce que j'avais prévu que vous essuieriez nous a beaucoup affligé. Le peu d'application que vous avez montrée vous a empêché de faire tous les progrès que vous auriez pus. Elles se sont laissé tomber. Elle s'est laissée frapper sans rien dire. Votre mari est un des hommes les plus respectables que j'ai connu. Voilà une des femmes les plus courageuses qui aient existées. C'est un des premiers médecins qu'il a consulté. Boileau est un des meilleurs écrivains que la France ait produit. Les juges que vous avez convaincus que j'étais innocent, m'ont fait mettre en liberté. Les livres qu'on a voulu que je lusse m'ont peu intéressés et encore moins profités. Le peu de sympathie qu'il a trouvée l'a révolté.

CHAPITRE VII.

DE L'ADVERBE.

147. Pourquoi ne peut-on pas dire : *dessus la table*, *dessous la chaise*, *dedans la ville*, *dehors de la maison*, *alentour du champ*, *auparavant d'écrire?*

L'adverbe exprimant un sens complet par lui-même ne saurait avoir de complément. Ne dites donc pas : DESSUS *la table*, DESSOUS *la chaise*, DEDANS *la ville*, DEHORS *de la maison*, ALENTOUR *du champ*, AUPARAVANT *d'écrire*; mais dites : SUR *la table*, SOUS *la chaise*, DANS *la ville*, HORS *de la maison*, AUTOUR *du champ*, AVANT *d'écrire*.

148. Pourquoi ne peut-on pas dire : *de tous ces élèves, Paul est celui qui travaille davantage?*

On ne doit pas employer *davantage* dans le sens de *le plus* : *de tous ces élèves, Paul est celui qui travaille* DAVANTAGE; dites : *qui travaille* LE PLUS.

149. Écrit-on indifféremment *d'avantage* avec ou sans apostrophe ?

Ne confondez pas *davantage*, adverbe, avec *d'avantage*, substantif précédé de la préposition *de* : *si vous compreniez vos intérêts, vous travailleriez* DAVANTAGE; *il y a souvent plus* D'AVANTAGE *à se taire qu'à parler.*

150. Comment peut-on distinguer *plus tôt*, en deux mots, de *plutôt*, en un mot?

Il ne faut pas confondre PLUS TÔT, en deux mots, avec PLUTÔT, en un mot : *plus tôt* est l'opposé de *plus tard*; *plutôt* marque la préférence : *venez un peu* PLUS TÔT *qu'à l'ordinaire*; PLUTÔT *mourir que de mentir*.

151. Quelle différence y a-t-il entre *de suite* et *tout de suite?*

On ne doit pas employer indifféremment DE SUITE et TOUT DE SUITE. Le premier signifie *sans interruption : il ne saurait dire deux mots* DE SUITE. (Acad.) Le second signifie *sur-le-champ : faites cela* TOUT DE SUITE.

152. Que signifient *tout-à-coup* et *tout d'un coup?*

TOUT-A-COUP signifie *soudainement;* TOUT D'UN COUP, *en une seule fois : le ciel se couvrit* TOUT-A-COUP *de nuages; il gagna mille écus* TOUT D'UN COUP. (Acad.)

153. Comment s'écrivent les adverbes en *ment* formés d'adjectifs en *ant* ou en *ent?*

Les adverbes en *ment* prennent deux *m* et un *a* s'ils sont formés d'un adjectif en *ant*, et deux *m* et un *e*, si l'adjectif dont ils dérivent est terminé par *ent*. C'est ainsi que l'on écrit : *savamment, constamment,* à cause de *savant, constant;* et *différemment, prudemment,* à cause de *différent, prudent.*

154. Pourquoi ne peut-on pas dire : *c'est ici où je travaille, c'est là où je vais?*

Il ne faut pas employer deux adverbes pour exprimer la même circonstance. Ainsi au lieu de : *c'est* ICI *où je travaille, c'est* LA *où je vais,* il faut dire : *c'est ici que je travaille, c'est là que je vais.*

33ᵉ Exercice.

Corriger les fautes en invoquant les règles.

Il faut être modéré dedans le travail comme dedans le plaisir. Dessous le ciel et dessus la terre sont deux expressions synonymes. Ayez soin de me parler auparavant de sortir. Les renards rôdent la nuit alentour de la maison. De toutes les tragédies de Corneille, le Cid est celle qui me plaît d'avantage. Il retire beaucoup davantage de sa position. Ton frère s'ennuyait à Paris; il s'ennuie bien d'avantage à Londres. Cet orateur parla deux heures tout de suite. Cette personne est tombée morte tout d'un coup. Ce pêcheur a pris vingt livres de poissons tout-à-coup. Il faut que les enfants obéissent de suite. On doit regarder les épreuves de cette vie plus tôt comme un bien que comme un mal. Vous paraissez aussi heureux dedans l'adversité que dedans la fortune. Cet élève travaille maintenant d'avantage. Vous vous conduirez prudament. Il s'occupe constemment. Nous en parlons savemment. Ils ne pouvaient agir différamment. Plus tôt mourir que de souffrir. Terminons au plutôt cette affaire. Le travail est un bonheur plus tôt qu'une peine. Nous n'eûmes pas plutôt reçu votre lettre que nous nous mîmes en route. Il faut se vêtir décement et s'habiller diligement. Ayant appris ces nouvelles nous partimes de suite. Pygmalion ne couchait jamais deux nuits tout de suite dans la même chambre. Votre adversaire a tort évidament. Jules marche nonchalament. Que fallait-il d'avantage? L'élève que j'aime davantage est celui qui se conduit le mieux. Là où la chèvre est attachée il faut qu'elle broute. Il y avait sur la porte d'un cimetière : c'est ici où tous les hommes sont égaux.

CHAPITRE VIII.

DE LA PRÉPOSITION.

155. Quelle différence y a-t-il entre *près de* et *prêt à ?*

PRÈS DE signifie *sur le point de* ; et PRÊT A , *disposé à, préparé à* : celui qui est PRÈS DE *mourir, n'est pas toujours* PRÊT à *mourir.*

156. Peut - on employer indifféremment *par terre* et *à terre ?*

PAR TERRE se dit de ce qui touche à la terre , et A TERRE de ce qui n'y touche pas: un arbre tombe *par terre* et son fruit tombe *à terre.*

157. Dans quel cas emploie-t-on *voici* et *voilà?*

VOICI a rapport à ce qui suit , et VOILA à ce qui précède : VOICI *ce que je te recommande : travaille et conduis-toi bien ; aimer ses parents , obéir à ses maîtres :* VOILA *le devoir d'un enfant.*

158. Quelles sont les prépositions qui se répètent toujours avant chaque complément?

Les prépositions qui se répètent toujours avant chaque complément sont : *à , de , en* : je vais A *Marseille* et A *Bordeaux* ; *je viens* DE *Paris* et DE *Londres* ; *je voyage* EN *Italie* et EN *Allemagne.*

159. Dans quel cas les autres prépositions ne se répètent-elles pas ?

Les autres prépositions, surtout celles qui n'ont qu'une syllabe , ne se répètent pas lorsque les compléments sont synonymes : DANS *l'ardeur* et *l'impétuosité de la lutte* ; PAR *ses lumières* et *ses talents.*

34ᵉ Exercice.

Corriger les fautes en invoquant les règles.

En l'an mil, on croyait que le monde était prêt à finir. Nous devrions nous tenir prêt de mourir. A peine fut-il sur l'arbre qu'il se laissa tomber par terre. Le vent était si violent qu'il nous renversa à terre. Il vient de Rome et Milan. Il va à Londres et Dublin. Il a voyagé en Allemagne et Russie. Cet enfant se fait aimer de tout le monde par sa douceur et par son amabilité. Soyez patient dans l'adversité et dans le malheur. Cet élève est toujours prêt à travailler ; mais il n'est jamais près de le faire. Voilà une nouvelle importante : l'armée autrichienne a été battue. Aimer Dieu par dessus tout et son prochain comme soi-même : voici toute la morale de l'Évangile. A la suite du mauvais temps qu'il a fait, tous les fruits sont tombés par terre. Les chaleurs sont prêts à finir. Naître, souffrir et mourir : voici la vie de l'homme. Voilà la véritable grandeur : faire du bien à ses ennemis.

CHAPITRE IX.

DE LA CONJONCTION.

160. Quelle différence y a-t-il entre *parce que*, en deux mots, et *par ce que* en trois mots ?

PARCE QUE, en deux mots, signifie *attendu que*, *par la raison que* : nous étudions PARCE QUE *nous voulons apprendre*. PAR CE QUE, en trois mots, signifie *par la chose que* : PAR CE QUE *j'ai appris, je juge que vous avez tort*.

162. Dans quel cas *quand* prend-il un *d*, et dans quel cas prend-il un *t* ?

QUAND, conjonction, signifie *lorsque*, et s'écrit avec un *d* : *on doit assister les pauvres* QUAND *on est riche*. QUANT A, locution prépositive, signifie *à l'égard de*, et s'écrit avec un *t* : QUANT A *votre affaire, je m'en occuperai demain*.

162. Quand doit-on écrire *quoique* en un mot, et quand doit-on l'écrire en deux mots ?

QUOIQUE, en un seul mot, signifie *bien que* : QUOIQUE *vous soyez riche, vous n'êtes pas dispensé d'être honnête*. QUOI QUE, en deux mots, signifie *quelque chose que* : QUOI QUE *vous disiez, on ne vous croira pas*,

6·

163. Comment peut-on distinguer *ou*, conjonction, de *où* adverbe ?

Ou, conjonction, peut être suivi du mot *bien*, et ne prend pas d'accent sur l'*u* : *Nous irons à Paris* ou *à Londres. Où*, adverbe, signifie *là*, *dans lequel*, et prend un accent grave : *nous irons à Paris* où *nous vous attendrons.*

35ᵉ Exercice.

Corriger les fautes en invoquant les règles.

Nous ne voyons la lune que par ce qu'elle nous renvoie les rayons du soleil. Parce que la terre est ronde peut-on en conclure qu'elle tourne ? Cet élève n'écoute jamais, quoique on lui dise. Quoique nous fassions, ils ne seront jamais satisfaits. On est heureux quant on est sage. Quand à cette leçon, vous ne la savez pas. Vous n'avez pas eu de prix par ce que vous n'en avez pas mérité. Ou nous sommes nés souvent nous mourons. On n'aime pas entendre quelqu'un vous demander la bourse où la vie. L'homme meurt quoi qu'il pense ne devoir jamais mourir. Quoique vous fassiez, vous ne réussirez pas. On fait tout ce qu'on doit quant on fait ce qu'on peut. Quand à la première question, nous ne pouvons y répondre. Où voulez-vous donc en venir ? De deux choses l'une : où vous êtes coupables, où vous ne l'êtes pas. Quand on a froid, on se chauffe. Quoiqu'il en arrive, je partirai. Quand à la ville ou je suis né, je ne l'oublierai jamais.

CHAPITRE X.

DE L'INTERJECTION.

164. Quelle différence y a-t-il entre *ah!* et *ha!*

AH ! exprime la joie, la douleur : AH ! *quel bonheur !* AH ! *que je souffre !* HA ! marque l'étonnement, la surprise : HA ! *que vous est-il arrivé ?* HA ! *vous étiez là ?*

165. Quelle est la différence qui existe entre *ô*, *oh!* *ho!*

O s'emploie dans l'apostrophe : *c'est ainsi*, ô *Télémaque ! que vous devez régner.* OH ! marque la surprise, l'admiration : OH ! *qui l'aurait cru !* OH ! *que c'est touchant !* HO ! sert à appeler : HO ! *venez donc !*

166. Dans quel cas emploie-t-on *eh!* et *hé!*

EH ! marque la douleur, la surprise : EH ! *peut-on oublier une mère chérie !* HÉ ! s'emploie pour appeler : HÉ ! *vous me faites attendre.*

36ᵉ Exercice.

Corriger les fautes en invoquant les règles.

Ah ! quel plaisir ! Ha ! quel bonheur ! Ah ! cela est-il possible ! Oh!
mon fils, n'oublie pas nos conseils ! Sont-ce là, oh ! Télémaque ! les
pensées qui doivent occuper le fils d'Ulysse ? Eh ! que me dites-vous !
Ah ! quelle fâcheuse nouvelle ! Eh ! vous m'impatientez ! O quelle
surprise agréable ! Ah ! quel bonheur inespéré ! Ah ! que ne suis-je
mort ! Ha ! ne ferez-vous rien pour la vertu ? Hé bien ! que vous est-il
arrivé ? Ha ! mon ami ! quelle générosité ! Oh ! rochers à qui
je me plains ! Ah ! vous voilà ! Eh ! c'était lui ! Oh ! vous me faites
mal ! Où êtes-vous, Ho ! Mentor ? Oh ! perfide présent que vous m'avez fait !

CHAPITRE XI.

DE L'ORTHOGRAPHE.

167. Qu'est-ce que l'orthographe ?
L'*orthographe* est la manière d'écrire les mots conformément à l'usage et aux règles établies.

168. Combien y a-t-il de sortes d'orthographe ?
Il y a deux sortes d'orthographe : l'*orthographe absolue* ou *d'usage*, et l'*orthographe relative* ou *grammaticale*.

169. Qu'est-ce que l'orthographe absolue ?
L'*orthographe absolue* est la manière d'écrire les mots considérés seuls, indépendamment de leurs rapports avec les autres mots, ou de leur emploi particulier dans la proposition.

170. Comment peut-on apprendre l'orthographe absolue ?
On ne peut guère apprendre l'orthographe absolue qu'en lisant et en écrivant beaucoup, et en remarquant comment les mots sont écrits.

171. Qu'est-ce que l'orthographe relative ?
L'*orthographe relative* est la manière d'écrire les mots avec les modifications que leur font subir le genre, le nombre, la personne, le mode et le temps, et les rapports qu'ils ont avec les autres mots.

172. Comment peut-on apprendre cette orthographe ?
On peut apprendre l'orthographe relative en étudiant avec soin les règles de la grammaire.

REMARQUES SUR L'ORTHOGRAPHE ABSOLUE.

173. Qu'est-ce qui fait connaître la consonne finale d'un mot primitif?

La consonne qui termine un mot primitif, est ordinairement indiquée par les dérivés. C'est ainsi que *rang*, *sang*, *drap*, *champ*, *faim* se terminent par *g*, *p*, *m*, à cause de leurs dérivés *ranger*, *sanguin*, *draperie*, *champêtre*, *famine*.

Mais cette règle est soumise à de nombreuses exceptions.

174. Quelle lettre emploie-t-on au lieu de *n*, devant *b*, *p*, *m?*

Avant *b*, *p*, *m* on emploie *m* au lieu de *n* : *embouchure*, *empire*, *emmener*. Excepté dans *bonbon*, *bonbonnière*, *embonpoint*.

175. Quand ne double-t-on pas la consonne?

On ne double pas la consonne : 1° Après un *e* muet : *appeler*, *jeter*, *semer* ; 2° après un son nasal : *bonté*, *enfant*, *teinte* ; 3° après une voyelle surmontée d'un accent : *modèle*, *bâton*, *flûte*. Excepté dans *châsse*, *châssis* et les dérivés.

176. Quels sont les verbes qui prennent deux *r* au futur et au conditionnel?

Les six verbes *courir*, *mourir*, *pouvoir*, *envoyer*, *voir*, *acquérir*, et leurs composés prennent deux *r* au futur et au conditionnel : *je courrai*, *nous mourrons*, *vous pourriez*, *ils verraient*, etc.

177. Dans quel cas emploie-t-on l'accent grave sur *a?*

On met un accent grave sur *à*, proposition, pour le distinguer de *a*, verbe : *il a demeuré à Paris*.

178. Quand met-on un accent grave sur *la?*

On met aussi un accent grave sur *là*, adverbe, et l'on n'en met point sur *la*, article, ni sur *la*, pronom : *je vais là*, *la vérité*, *je la connais*.

179. Que savez-vous sur le mot *leur?*

Leur, pronom personnel, signifie *à eux*, et ne prend jamais de *s* : *nous leur avons parlé*. *Leur*, adjectif possessif, prend un *s* s'il est suivi d'un substantif pluriel : *leurs travaux sont finis*.

Emploi des majuscules.

180. Quand doit-on employer les majuscules?

On écrit avec une majuscule ou *capitale* : 1° les noms propres : *Louis*, *Alexandre*, *Napoléon*, *Paris*, *les Alpes*, *la Seine* ; 2° les noms d'êtres moraux personnifiés : *laissez agir la faux du Temps* ; 3° les titres d'ouvrages : *le Télémaque*, *la Henriade*. 4° le

premier mot de chaque phrase et de chaque vers :

Une hirondelle en ses voyages
Avait beaucoup appris. Quiconque a beaucoup vu
Peut avoir beaucoup retenu.

37ᵉ Exercice.

Corriger les fautes en invoquant les règles.

Nous supportâmes courageusement la faim et le froit. napoléon arrivé à postdam voulut visiter le tonbeau de frédéric-le-grant. Ils succonbèrent à cette immense douleur. athalie s'écria : dieu des juifs, tu l'enportes. saint-louis s'enbarqua a aigues-mortes. les enffants sont gourmants. junot, duc d'abrantès, écrivait sous la dictée du général bonaparte, lorsqu'une bonbe vint éclater à deux pas de lui, et couvrit de poussière le papier : bon, dit-il, je n'aurai pas besoin de sable. l'enpereur ne buvait que du vin de chanbertin. le chemin de fer de tours à plusieurs enbranchements. vous leur reprocherez leur anbitieuses prétentions. ce jeune homme à beaucoup de présonption : il à été a londres et il y à tout appris. vos enfants sont-ils la ? voici des bombons pour eux et leur amis. là renommée vous destine un tenple. la discorde a toujours régné dans l'univers. louis et le destin me senblent de concert. Le rhône à son enbouchure dans la méditerranée. voyez ces animaux, faites conparaison de leur beautés avec les vôtres. Un malheureux appellait tous les jours la mort à son secours. o mort, lui disait-il, que tu me senbles belle ! Toute son anbition se bornait a apprendre par cœur l'énéïde.

CHAPITRE XII.

DE LA PONCTUATION.

181. Qu'est-ce que la ponctuation ?

La *ponctuation* est l'art d'indiquer, par des signes reçus, le degré de liaison des idées, et les pauses qu'on doit faire en lisant.

182. Quels sont les signes de ponctuation ?

Les signes de ponctuation sont : la *virgule*, le *point-virgule*, les *deux points*, le *point d'interrogation*, le *point d'admiration*, les *points de suspension*, le *tiret*, la *parenthèse* et les *guillemets*.

DE LA VIRGULE (,).

183. Dans quel cas emploie-t-on la virgule ?

On emploie la virgule :

1° Pour séparer les substantifs, les adjectifs et les verbes qui se suivent :

Les hommes, les femmes, les enfants arrivèrent en foule.
La charité est *douce, patiente, bienveillante.*
Il *court, va, vient, se rejouit.*

184. Quand l'emploie-t-on encore ?

2° Pour séparer les différentes parties d'une phrase, qui ont peu d'étendue :

Dieu nous a créés, il nous conserve, il nous fait du bien.

185. N'y a-t-il pas une exception ?

Excepté lorsque ces parties sont unies par une des conjonctions *et, ou, ni* :

Le soleil nous éclaire *et* nous réchauffe.
Il faut que tu écrives *ou* que tu lises.
Il importe que tu ne sois *ni* distrait *ni* préoccupé.

186. Quand emploie-t-on la virgule avant *et, ou, ni* ?

Si les parties unies par *et, ou, ni,* avaient une certaine étendue, elles devraient être séparées par une virgule :

Benjamin est sans force, et Juda sans vertu.

187. Dans quel cas l'emploie-t-on encore ?

3° Avant et après toute réunion de mots que l'on peut retrancher sans nuire au sens de la phrase :

Cet enfant, *qui m'avait causé beaucoup de chagrin,* me donne maintenant de la satisfaction.
D'un pas majestueux, à côté de ma mère,
Le jeune Éliacin s'avance avec mon frère.
Rassure, *ajouta-t-il,* les tribus alarmées.

188. Comment marque-t-on la place d'un verbe sous-entendu ?

4° Pour marquer la place d'un verbe sous-entendu :

Le ciel est dans ses yeux, et l'enfer, dans son cœur.

DU POINT-VIRGULE (;).

189. Dans quels cas emploie-t-on le point-virgule ?

On emploie le point-virgule :

1° Pour séparer les parties d'une phrase, qui ont une certaine étendue, ou dont les subdivisions sont séparées par la virgule :

L'homme actif veille à tout, étend ses soins sur tout ; il ne perd pas un moment ; il croit n'avoir rien fait, tant qu'il lui reste à faire.

190. Quand l'emploie-t-on encore ?

2° Entre deux propositions dont l'une dépend de l'autre :

La douceur est une vertu ; mais elle ne doit pas dégénérer en faiblesse.

DES DEUX POINTS (:).

191. Où place-t-on les deux points ?

On place les deux points :
1° Après une proposition suivie d'une autre qui sert à l'éclaircir :

Il ne se faut jamais moquer des misérables :
Car qui peut s'assurer d'être toujours heureux.

192. Où les place-t-on encore ?

2° Après une proposition qui annonce qu'on rapporte les paroles de quelqu'un :

Franklin a dit : garde ta boutique et ta boutique te gardera.

DU POINT (.).

193. Où se place le point ?

Le point se place à la fin de chaque phrase :

La piété est le tout de l'homme.
Le contentement de soi-même est la preuve et la récompense de la bonne conduite.

DU POINT D'INTERROGATION (?).

194. Quand emploie-t-on le point d'interrogation ?

On emploie le point d'interrogation à la fin d'une phrase interrogative :

..... Grande reine est-ce ici votre place ?
Quel trouble vous agite, et quel effroi vous glace ?
Parmi vos ennemis que venez-vous chercher ?
De ce temple profane osez-vous approcher ?

DU POINT D'ADMIRATION (!).

195. Dans quel cas emploie-t-on le point d'admiration ?

On emploie le point d'admiration après les interjections, les locutions interjectives, et les phrases qui expriment l'admiration ou l'exclamation :

Ah ! de quel coup affreux vous me percez le cœur !
Hé quoi ! vous n'avez pas de passe-temps plus doux ?
O rives du Jourdain ! ô champs aimés des cieux !

DES POINTS DE SUSPENSION (...).

196. Quand emploie-t-on les points de suspension ?

On emploie les points de suspension lorsqu'il y a réticence, interruption dans le sens :

> Avant la fin du jour... on verra qui de nous
> Doit... Mais sortons, Nabal.

DU TIRET (—).

197. Qu'indique le tiret ?

Le tiret indique le changement d'interlocuteur :

> Est-ce assez? dites-moi; n'y suis-je point encore ?
> — Nenni. — M'y voici donc? — Point du tout. —
> [M'y voilà.

DE LA PARENTHÈSE (( )).

198. A quoi sert la parenthèse?

La parenthèse sert à renfermer certains mots qui pourraient être retranchés sans inconvénient ; mais qui éclaircissent la phrase :

> La peste (puisqu'il faut l'appeler par son nom),
> Capable d'enrichir en un jour l'Achéron,
>   Faisait aux animaux la guerre.

DES GUILLEMETS (« »).

199. Où se placent les guillemets?

Les guillemets se placent au commencement et à la fin d'une citation :

> Elle m'a fait venir ; et d'un air égaré :
> « Tu vois de mes soldats tout ce temple entouré,
> « Dit-elle ; un fer vengeur va le réduire en cen-
>   [dre,
> « Et ton Dieu contre moi ne saurait le défendre.»

38° Exercice.

Ponctuer d'après les règles.

LE BLUET.

De nos guérets modeste fleur
De ta corolle demi-close
S'exhale une suave odeur
Joli bluet d'où vient cette métamorphose
Ce matin par Chloé cueilli pour son bouquet
Je m'y plaçai près de l'œillet
Entre le jasmin et la rose
Du doux parfum qui d'abord t'a surpris
Déjà tu devines la cause
Rappelle-toi qu'à choisir ses amis
On gagne toujours quelque chose

39ᵉ Exercice.

Ponctuer d'après les règles.

L'ENFANT ET LE MIROIR

Un enfant élevé dans un pauvre village
Revint chez ses parents et fut surpris d'y voir
Un miroir
D'abord il aima son image
Et puis par un travers bien digne d'un enfant
Et même d'un être plus grand
Il veut outrager ce qu'il aime
Lui fait une grimace et le miroir la rend
Alors son dépit est extrême
Il lui montre un poing menaçant
Il se voit menacé de même
Notre marmot fâché s'en vient en frémissant
Battre cette image insolente
Il se fait mal aux mains sa colère en augmente
Et furieux au désespoir
Le voilà devant ce miroir
Criant pleurant frappant la glace
Sa mère qui survient le console l'embrasse
Tarit ses pleurs et doucement lui dit
N'as-tu pas commencé par faire la grimace
A ce méchant enfant qui cause ton dépit
Oui regarde à présent tu souris il sourit
Tu tends vers lui les bras il te les tend de même
Tu n'es plus en colère il ne se fâche plus
De la société tu vois ici l'emblème
Le bien le mal nous sont rendus

40ᵉ Exercice.

ɲnctuer d'après les règles.

LE DANSEUR DE CORDE ET LE BALANCIER

Sur la corde tendue un jeune voltigeur
Apprenait à danser et déjà son adresse
Ses tours de force de souplesse
Faisaient venir maint spectateur

Sur son étroit chemin on le voit qui s'avance
Le balancier en main l'air libre le corps droit
        Hardi léger autant qu'adroit
Il s'élève descend va vient plus haut s'élance
        Retombe remonte en cadence
        Et semblable à certains oiseaux
Qui rasent en volant la surface des eaux
        Son pied touche sans qu'on le voie
A la corde qui plie et dans l'air le renvoie
Notre jeune danseur tout fier de son talent
Dit un jour à quoi bon ce balancier pesant
        Qui me fatigue et m'embarrasse
Si je dansais sans lui j'aurais bien plus de grâce
        De force et de légèreté
Aussitôt fait que dit le balancier jeté
Notre étourdi chancelle étend les bras et tombe
Il se cassa le nez et tout le monde en rit
Jeunes gens jeunes gens ne vous a-t-on pas dit
Que sans règle et sans frein tôt ou tard on succombe
        La vertu la raison les lois l'autorité
Dans vos désirs fougueux vous causent quelque peine
        C'est le balancier qui vous gêne
        Mais qui fait votre sûreté

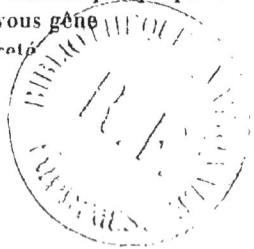

FIN.

TABLE DES MATIÈRES.

Ouvrages du même auteur.

Nouvel Alphabet des Écoles, résumé de toutes les méthodes de lecture. zaine.

Premières Notions d'arpentage, précédées d'un exposé du système métrique, avec une planche.

Petite Arithmétique pratique, à l'usage des écoles primaires, les quatre opérations sur les nombres, bres décimaux et les nouvelles mesures, d'intérêt, de société, etc., avec exercices et problèmes; 1 vol. in-12.

Le même ouvrage, avec les réponses et des problèmes; prix cart.

www.ingramcontent.com/pod-product-compliance
Lightning Source LLC
Chambersburg PA
CBHW052038270326
41931CB00012B/2551